Im Rahmen der zahlreichen astrologischen Veröffentlichungen ist das Buch »Partnerschaftsastrologie« von Lois Haines Sargent eine wirkliche Bereicherung. Beinahe schon ein Klassiker auf diesem Gebiet, behandelt Sargent in geraffter, konzentrierter Form alle Arten von Beziehungen und dazugehörigen Horoskopaspekten: Liebe und Ehe; Eltern-Kind-Beziehungen; familiäre Beziehungen; Freundschaften und geschäftliche Partnerschaften usw.

Der Autor differenziert beim Thema »Liebe und Ehe« zwischen Anziehung, Verträglichkeit, Ausgewogenheit von Temperament und Typus und geistiger Übereinstimmung, wobei er unser Augenmerk vor allem auch auf die Aszendenten-Deszendenten-Bezüge und die Saturnstellung richtet. Allgemeinverständliche und präzise Hinweise zur Technik des Horoskopvergleichs vervollständigen diesen überaus praktischen Ratgeber zur Partnerschaftsastrologie.

Esoterik

Herausgegeben von Gerhard Riemann

Deutsche Erstausgabe 1988
© 1988 Droemersche Verlagsanstalt Th. Knaur Nachf., München
Das Werk einschließlich aller seiner Teile ist urheberrechtlich geschützt.
Jede Verwertung außerhalb der engen Grenzen des Urheberrechts-
gesetzes ist ohne Zustimmung des Verlages unzulässig und strafbar.
Das gilt insbesondere für Vervielfältigungen, Übersetzungen,
Mikroverfilmungen und die Einspeicherung und Verarbeitung
in elektronischen Systemen.
Titel der Originalausgabe »How to Handle Your Human Relations«
© 1958 Lois Haines Sargent
Umschlagillustration Dieter Bonhorst
Satz Ludwig Auer, Donauwörth
Druck und Bindung Ebner Ulm
Printed in Germany   5
ISBN 3-426-04184-7

Lois Haines Sargent:
Partnerschaftsastrologie

Was Horoskope über Beziehungen
zu Mitmenschen aussagen

Aus dem Amerikanischen von Bettine Braun

INHALT

TEIL I

Kapitel 1: Zwischenmenschliche Beziehungen   7

Kapitel 2: Liebe und Ehe   12
Anziehung 18   Verträglichkeit 25   Ausgewogen-
heit von Temperament und Typus 35   Geistige
Übereinstimmung 36   Die Saturnstellung 37
Wie man Horoskope vergleicht 39

Kapitel 3: Eltern-Kind-Beziehungen   43

Kapitel 4: Die Beziehung zwischen Geschwistern . . .   51

Kapitel 5: Freundschaften   54

Kapitel 6: Geschäftliche oder berufliche Partnerschaften und andere Arbeitsgemeinschaften   57
Andere Formen beruflicher Zusammenarbeit   58

TEIL II
Aspektvergleiche

Kapitel 7: Stichworte zum Wesen der einzelnen
Planeten   61
Sonne 61   Mond 61   Merkur 62   Venus 62
Mars 63   Jupiter 63   Saturn 63   Uranus 64
Neptun 64   Pluto 65

Kapitel 8: Aspektvergleiche   67
Sonne 67   Mond 84   Merkur 97   Venus 106
Mars 115   Jupiter 125   Saturn 130   Uranus 135
Neptun 138   Pluto 139

Anhang: Die in der Astrologie verwendeten Symbole   142

TEIL I

Kapitel 1

Zwischenmenschliche Beziehungen

Die Fähigkeit, in Harmonie mit unseren Mitmenschen zu leben, ist von kaum zu überschätzender Bedeutung: Erfolg und Glück des einzelnen hängen davon ab. Es gibt im Leben kaum eine Tätigkeit oder Situation, die uns nicht auch mit anderen Menschen in Berührung brächte. Je leichter jemand mit seiner Familie, seiner Umgebung und den Partnerschaften, die sich durch seine Arbeit ergeben, zurechtkommt, desto ungestörter wird er seinen Lebensweg gehen können. Beinahe alle Spannungen und Mühseligkeiten des modernen Lebens rühren nicht von schwierigen äußeren Bedingungen her, sondern von Gefühlsirritationen, die durch Begegnung auf der persönlichen Ebene, in Gruppen oder im sozialen Bereich entstehen.

Unsere Zivilisation stellt die Persönlichkeit des Menschen immer wieder auf die Probe. Je dichter die Menschen zusammenleben, desto deutlicher werden persönliche Fehler oder Schwächen offenbar. Enge Beziehungen stellen die seelischen und charakterlichen Eigenschaften des einzelnen auf die Probe; doch gerade dadurch entwickelt und verfeinert sich der Charakter. Ein Mensch auf dem Weg zur Reife wird aus jeder Begegnung, in der ein Gefühl des Widerstandes entsteht, etwas lernen.

Die Psychologie, die früher für die vollkommene Freiheit des Selbstausdrucks als den Weg zu Erfolg und Glück eintrat, erkennt jetzt, daß dies auch zu einer Übersteigerung des Individualismus führen kann. Das drückt sich in

Egozentrik, Eigennützigkeit, Unverantwortlichkeit oder Undiszipliniertheit aus und bedeutet für den Betreffenden selbst und für die anderen ein erschwertes Leben. Im Extrem führt das zu antisozialem oder gesetzeswidrigem Verhalten. Das andere Extrem, ein vollständiges Unterdrükken der Individualität zugunsten reibungsloser Beziehungen, kann die normale Entfaltung der Persönlichkeit und der Talente behindern. Ein solches Unterdrücken von Gefühlen wird zu inneren Störungen führen, die Gesundheit, Glück und äußeren Erfolg des einzelnen bedrohen. Weder ein vollständig eigensüchtiger noch ein vollständig selbstloser Mensch kann sich entfalten und die Zufriedenheit im Leben erfahren, die alle Menschen suchen.

Eine ausgeglichene Persönlichkeit findet den goldenen Mittelweg zwischen egozentrischem Individualismus und Unterwerfung unter den Willen anderer. Er wird Selbstvertrauen, unabhängiges Denken und Tatkraft entwickeln, zugleich aber erkennen, daß alle Menschen in einer Gemeinschaft voneinander abhängen. Er wird die Rechte anderer respektieren.

Jeder ist von anderen bis zu einem gewissen Maße abhängig. Diese Abhängigkeit bedeutet nicht, daß man die anderen ausnutzt. Sie beruht auf dem Geben und Nehmen, das das ganze Leben durchdringt. Erziehungssystem, Regierung, Geschäftswesen, Erholung, Sport, Unterhaltung, soziales Leben, Forschung, Handel, Einkauf, Verkauf, Verteilung oder was auch immer sind auf diese Abhängigkeit der Menschen voneinander aufgebaut. Das kann niemand leugnen; es wäre nicht nur töricht, sondern dem Glück und Erfolg des einzelnen hinderlich, es nicht wahrhaben zu wollen. So sollten wir die Tatsache akzeptieren, daß eine der Lebensaufgaben, wie Alfred Adler die Grundprobleme des Menschseins genannt hat, darin besteht, zu lernen, wie wir mit unseren Mitmenschen auskommen können.

Dazu muß man zunächst einmal Einsicht in die menschliche Natur selbst, unabhängig von den individuellen Typen und Temperamenten, gewinnen. Alle Menschen ähneln einander, weil alle ähnliche Wünsche, Instinkte, Triebe und Emotionen haben. Wir wissen das, ziehen es aber in unseren Beziehungen zu anderen Menschen nicht immer in Betracht.

Ein ehrgeiziger Mann, der in einem großen Betrieb angestellt ist, arbeitet hart, um weiterzukommen und eine Beförderung zu erreichen. Wenn nun ein anderer den gleichen Ehrgeiz an den Tag legt, könnte ihm der erstere das übelnehmen. Aber beide verhalten sich einem ganz natürlichen Drang entsprechend, mehr Bedeutung und Einfluß (oder mehr Geld) zu erlangen. Ein Mensch mit einer ausgeglichenen Persönlichkeit wird, wenn er diese Rivalität erkennt, sie als Herausforderung betrachten, sich noch mehr zu bemühen. Er wird sein Bestes geben und einsehen, daß der Geeignetere den Sieg davontragen wird. Derjenige, dem es an Selbstvertrauen fehlt, wird auf den Rivalen eifersüchtig werden, vielleicht eine feindselige Haltung ihm gegenüber an den Tag legen oder sogar versuchen, ihm etwas in den Weg zu legen. Doch auf die Dauer wird der Eifersüchtige sich durch sein Verhalten selbst schaden.

Um mit anderen gut auszukommen, sind weiterhin Selbsterkenntnis und Selbstbeherrschung notwendig. Wenn man sich selbst versteht, wird man auch andere leichter verstehen. Selbstbeherrschung befähigt einen zu Geschicklichkeit im Umgang mit anderen Menschen.

Astrologen sind der Ansicht, daß man viel leichter zu einem Verständnis für andere Menschen gelangt, wenn man ihren Geburtstag weiß. Das Grundtemperament eines Individuums läßt sich am Geburtszeichen ablesen. Selbst wenn man die genauen Geburtsdaten, die man zur Erstellung eines Horoskops braucht, nicht erhalten kann, wird man schon allein aufgrund der Kenntnis des Sonnenzeichens viel verstehen. Solch ein Verständnis könnte oder sollte zumindest zu einem angemesseneren Urteil über den anderen führen.

In der Astrologie geht es vor allem um Selbsterkenntnis, da man seine eigenen Fehler kennen muß, um mit anderen zurechtzukommen. In einem Horoskop können wir die individuelle Persönlichkeit an dem Zeichen ablesen, das zur Stunde der Geburt aufsteigt; deshalb bezeichnet der gegenüberliegende Punkt (siebtes Haus) die Einstellung zu anderen und was man auf sie projiziert, oder das, was man Außenwelt nennen könnte. Jedes Quadrat oder jede Opposition im Horoskop kann als ein Charakterzug gesehen werden, der die eigene Fähigkeit auf die Probe stellt, mit anderen in Harmonie auszukommen. Diese Spannung *muß* sich nicht in einem offenen Konflikt äußern, was um so weniger leicht geschieht, je mehr emotionale Reife der einzelne erlangt hat. In diesem Fall bleibt es ein psychologischer Faktor, Teil des Charakters oder des spirituellen Wachstums. Solch ein gespannter Aspekt, solch ein Anpassungsproblem, kann sich in familiären Beziehungen, in der Ehe, in Geschäftspartnerschaften oder Freundschaften äußern. Die Planeten symbolisieren die eigenen Instinkte und Bedürfnisse. Wenn ein innerer Konflikt vorhanden ist, was sich an einem Quadrat oder einer Opposition im individuellen Horoskop sowie an einigen Konjunktionen (vor allem jenen, an denen Saturn, Mars oder einer der transsaturnischen Planeten beteiligt ist) ablesen läßt, wird dieser innere Konflikt in vielen, jedoch nicht in allen menschlichen Begegnungen zutage treten.

Man muß im Auge behalten, daß man beim Horoskopvergleich die Wirkung einer Person auf eine andere analysiert. Diese Tatsache sollte nicht übersehen werden, wenn man die Regeln für einen Horoskopvergleich anwendet. Der Sinn eines Horoskopvergleichs liegt darin, die Möglichkeiten und Probleme in irgendeiner Form von Gemeinsamkeit zu vergleichen, zu verstehen, warum ein anderer Mensch auf eine bestimmte Weise auf einen wirkt und auf welche Art man selbst ihn beeinflußt.

Es ist ein Gesetz, das in der Metaphysik wie in der Psychologie und Astrologie gilt: Man kann sehr selten, wenn überhaupt je, von Zufall sprechen, wenn man bestimmte Menschen oder Umgebungen anzieht oder von ihnen angezogen wird.

Wenn die Verbindung oder die Umgebung für einen eine Herausforderung darstellt oder Unannehmlichkeiten bereitet, wurde diese Erfahrung gesucht, weil ein innerer Konflikt nach einer Lösung strebt. Wir müssen mit unseren eigenen gegensätzlichen Bestrebungen zurechtkommen. Manchmal wird unsere Fähigkeit auf die Probe gestellt, die richtige Entscheidung zu treffen, wenn es um das Einverständnis mit einer Situation oder Beziehung oder um ihre Ablehnung geht. Manche Menschen müssen vielleicht den Mut und die Willenskraft entwickeln, zu einer für sie möglicherweise schädlichen Verbindung nein zu sagen.

Ein Beispiel: Jemand, der sich selbst gegenüber zu nachgiebig ist und diese Schwäche kennt, sollte den Mut haben, eine Freundschaft mit einem anderen, der ebenfalls schwach ist und ihn dadurch nur noch mehr zur Schwäche verleiten würde, abzulehnen. Wer schüchtern ist, wählt als Ehepartner vielleicht ganz unbewußt einen aggressiven und dominierenden Menschen, verstärkt aber dadurch nur noch seine Neigung, sich an andere anzulehnen. Jemand, der einen besonders hervorstechenden Persönlichkeitsaspekt hat, zieht wahrscheinlich als Partner einen Menschen an, bei dem gerade diese Seite seines Wesens weniger entwickelt ist, solange er sich seiner Einseitigkeit nicht bewußt ist oder es ihm nicht gelingt, sie auszugleichen.

Wenn jemand sich selbst kennt, wird er wissen, worin seine Persönlichkeit der Stärkung, Besserung und Disziplinierung bedarf, und so wird er auch erkennen, wann er eine Verbindung ablehnen muß; ebenso wird er auch einsehen, was er in Beziehungen lernen kann, die er nicht auflösen kann oder will.

Kapitel 2

Liebe und Ehe

Ein Mann und eine Frau heiraten aus vielerlei Gründen: um ein Zuhause, Geld oder Sicherheit zu bekommen; gewöhnlich aber, weil sie glauben, sie liebten einander (zumindest in den Vereinigten Staaten). Manchmal glaubt ein Mensch, jemanden zu lieben, weil dieser ihm ein Bedürfnis erfüllen kann. Aber abgesehen von verborgenen psychologischen Motiven für die Ehe heiraten die meisten Paare, weil sie ein Gefühl füreinander empfinden, das sie zu diesem Zeitpunkt als Liebe beschreiben.

Man kann nun annehmen, daß jeder reife Mensch die Tatsache anerkennt, daß Liebe und Ehe keine Synonyme sind. Romantische Jugendliche begehen oft den Fehler, von der Ehe zu erwarten, sie bestehe aus einem unaufhörlichen gegenseitigen Umwerben. Alle uns heute vorliegenden wissenschaftlichen Informationen sind jedoch dazu angetan, dieses Ideal vollständig ad absurdum zu führen. So entstand wahrscheinlich die zynische Redewendung: »Die Liebe ist blind, aber die Ehe öffnet die Augen.«

Der Ehegegner Schopenhauer sagte einmal, daß Liebe ein von der Natur verübter Betrug sei. Es ist auch wahr, daß viele junge Leute (aber übrigens auch ältere) etwas für Liebe halten, was nichts weiter als eine Beschönigung des biologischen Triebes ist. Deshalb sind Eheberater der Ansicht, ein Paar solle sich mindestens ein halbes Jahr kennen, bevor es die Ehe eingehe. Ein oder zwei Jahre sind natürlich besser. Es dauert eine Weile, bis auf den ersten Rausch der Verliebtheit die Ernüchterung folgt, und zwei Menschen entdecken können, ob sie genügend übereinstimmende Interessen und Ansichten haben und in der Anlage und im Charakter so weit harmonieren, daß sie sich wirklich vertragen – und daß es zudem keine ernsthaften

Konflikte der Charaktere, der Gewohnheiten und ethischen Ansichten gibt, die den gegenseitigen Respekt und die Zuneigung zerstören können. Die Ehe ist immer eine Art Glücksspiel, doch wenn man ein wenig vorausschauend ist und eine gesunde Urteilsfähigkeit hat, läßt sich das Risiko beträchtlich vermindern.

Es besteht ein entscheidender Unterschied zwischen dem Zustand des Verliebtseins und der aufrichtigen Liebe, die für eine gute Ehe Voraussetzung ist. Fast jede Verliebtheit wird durch eine starke gegenseitige Anziehung ausgelöst. Wahre Liebe ist etwas, das allmählich wächst. Sie gründet sich auf gegenseitige Achtung, Vertrauen, Sympathie, Verständnis, Zuneigung, Wertschätzung und Kameradschaftlichkeit. Eine Ehe ist nicht nur eine physische Verbindung, sondern auch eine Verbindung des Geistes und der Seele. Zwei Menschen, die ihr Schicksal teilen wollen, müssen gemeinsame Ideale und Ziele haben. Wenn sie nicht an einem Strang ziehen, werden sie einander nur hindern. Die Ehe sollte einer Frau Geborgenheit geben und dem Mann das Gefühl, als Beschützer des Heimes und der Familie eine wichtige Aufgabe zu haben.

Liebe ist eine Emotion, aber die Ehe ist keine rein emotionale Erfahrung. Sie erfordert Anpassung, Verständnis, Zusammenarbeit. Jeder Partner sollte in der Lage sein, die Individualität des anderen zu respektieren; keiner aber sollte es zulassen, daß sein eigener Individualismus eine Ursache für Konflikte wird.

Die Ehe ist eine Verbindung zweier Individuen. Die Individuen wirken auf die Ehe ein, und die Ehe wiederum wirkt auf die Charakterentwicklung der beiden Individuen ein. Die Institution der Ehe ist eine religiöse und legale Übereinkunft, die Anerkennung des Prinzips von Gerechtigkeit und Ordnung, die notwendig ist, damit der zivilisatorische Prozeß harmonisch vor sich gehen kann. Die Ehe gehört in den Bereich der Ethik. Sie ist mehr als eine Paarung. Sie ist eine Partnerschaft für das Leben, die Zusammenhalt, Respekt und gegenseitige Achtung erfordert.

Die Familie ist die kleinste Einheit in einer modernen, zivilisierten Gesellschaft. Die familiäre Integrität ist die Basis jeder gemeinschaftlichen Gesetzlichkeit und Ordnung. Wenn die Ehe nicht ernst genug genommen wird, degeneriert zunächst die Familie, dann die Gemeinschaft und schließlich sogar die Gesellschaft selbst.

Die wachsende Unabhängigkeit der Frauen hat die Ehe verändert, was sich letztlich jedoch zum Guten auswirken wird. Ein intelligenter und reifer Mann schätzt eine kluge und tüchtige Frau.

Viele Ehen, vor allem jene, die von Menschen in der zweiten Lebenshälfte eingegangen werden, haben oft einen eher freundschaftlichen Charakter und beruhen mehr auf gemeinsamen Interessen und Bedürfnissen als auf Idealisierung und Verliebtheit. Vielleicht wäre es richtiger zu sagen, daß ein Unterschied zwischen junger und reifer Liebe besteht. Auch wenn am Anfang einer Ehe starke physische und gefühlsmäßige Anziehung besteht, hängt die befriedigende Entwicklung der Beziehung weitgehend von der geistigen und spirituellen Übereinstimmung der Partner ab. Unterschiedliche Einstellungen im ethischen Bereich sind Ursachen seelischer Konflikte und bewirken mehr Zwietracht zwischen Mann und Frau als eine bloße Differenz der Ansichten oder mangelnde sexuelle Übereinstimmung, da man unter ihnen so sehr seelisch leidet.

Laut verschiedenen statistischen Quellen haben glücklich verheiratete Paare ähnliche Ansichten, auch wenn ihr Temperament unterschiedlich ist. Sexuelle Übereinstimmung ist nicht so wichtig wie gegenseitiges Verständnis und Kameradschaftlichkeit. Sexuelle Übereinstimmung zwischen Mann und Frau kann im Grunde leicht erreicht werden, wenn man physisch normal ist und der Sexualität gegenüber eine angstfreie, unneurotische Einstellung hat.

In allen Fällen sexueller Anpassungsschwierigkeiten, die mir bekannt wurden, lagen ihnen abnormales Verhalten oder Komplexe zugrunde, beispielsweise Frigidität bei der Frau, Alkoholabhängigkeit beim Mann oder der Frau oder neurotische Charakterzüge bei einem oder beiden Partnern. In den meisten Fällen bestanden diese Persönlichkeitsstörungen schon vor der Eheschließung und waren nicht durch Anpassungsversuche verursacht. Die Tatsache, daß viele Menschen die Ehe trotz eines eindeutigen sexuellen Komplexes eingehen, weist darauf hin, daß ihr Motiv nicht biologisch ist. Sexuelle Neigungen oder Abneigungen haben immer psychische, nie physische Gründe, es sei denn, es läge eine körperliche Behinderung vor.

Hier muß man sich als Astrologe mit dem individuellen Horoskop beschäftigen. Unter der Voraussetzung, daß die Betreffenden eine gesunde Einstellung zur Sexualität haben, und wenn durch den Horoskopvergleich deutlich wird, daß eine starke Anziehung und eine ausreichende geistig-emotionale und spirituelle Harmonie besteht, kann sexuelle Übereinstimmung fast immer erreicht werden. Das mag einige Wochen oder Monate dauern, aber es wird sich verwirklichen lassen.

Als häufigste Gefährdungen für eine gute Ehe wurden von zahlreichen Forschern folgende Punkte festgestellt:

1. Eheschließung vor dem zwanzigsten Lebensjahr, vor allem beim Mann. In diesem Alter haben Männer meist noch nicht das notwendige Verantwortungsgefühl.
   Das beste Heiratsalter: über zwanzig bei der Frau und über vierundzwanzig beim Mann.

2. Ehen von Menschen über vierzig Jahre, bei denen der Mann nie vorher verheiratet war. Ein eingefleischter Junggeselle hat zu stark eingefahrene Gewohnheiten, um sich in einer Ehe noch ohne Schwierigkeiten anpassen zu können.

3. Die Ehe zwischen Menschen sehr unterschiedlichen Al-

ters. Mehr als fünfzehn Jahre Unterschied kann als Risiko betrachtet werden. Viele Frauen haben die Verbindung mit einem viel älteren Mann bedauert, ebenso wie viele Männer die Verbindung mit einer viel jüngeren Frau.

4. Große Unterschiede in der Bildung und in der gesellschaftlichen oder sozialen Herkunft.
5. Widerstand der Eltern oder familiäre Einmischung.

Emotionale Unreife wird von vielen Forschern als wichtigste Ursache für Trennungen betrachtet. Dies ist auch der Grund, warum so viele Frühehen scheitern. Die Feststellung ist sehr vernünftig, denn die Ehe ist eine Angelegenheit für Erwachsene, nicht für Kinder.

Wir können emotionale Reife als Akzeptieren der Verantwortung für die eigenen Entscheidungen und Fehler betrachten. Das erinnert uns wieder an die Tatsache, daß die Ehe eine Lebensaufgabe ist. Sie bedeutet eine Herausforderung für Intelligenz, Einsicht, Geduld, Taktgefühl, gesunden Menschenverstand, Loyalität und Treue eines Menschen.

Die Fähigkeit, eine gute Ehe zu führen, hängt von der persönlichen Einstellung gegenüber Liebe, Sexualität und Lebensverantwortung ab. Die Wahl eines Lebenspartners sollte eine ernste Angelegenheit sein, aber viele junge Menschen stürzen sich Hals über Kopf in die Ehe aus Gründen, die reiferen Menschen töricht erscheinen. Eine junge Frau vertraute mir an, daß sie ihren Mann geheiratet hatte, weil er dem Mann ihrer Schwester glich, den sie verehrte. Es war ihr offensichtlich nicht klar geworden, daß der Typ von Mann, der zu ihrer Schwester paßte, nicht unbedingt der richtige für sie sein mußte. Diese Ehe endete, nebenbei bemerkt, mit einer Scheidung.

Ich bat einmal eine junge Frau, ihren »Idealmann« zu beschreiben. Sie antwortete, daß er groß, dunkelhaarig, blauäugig, gut gekleidet und höflich sein sollte. Kein Wort über seine Erziehung, seine Intelligenz, darüber, ob er aufrichtig, ehrgeizig, gesund, verläßlich und lebenstüchtig sein sollte. Diese junge Frau war nicht dumm; sie hatte nur noch nicht gelernt, zwischen persönlicher Erscheinung und Charakter zu unterscheiden. Eine Liebesgeschichte mag mit einer äußeren Anziehung beginnen, aber der Charakter entscheidet darüber, ob eine Ehe glückt. Wir können das gar nicht genug betonen.

Die meisten Ehen, vor allem zwischen Menschen unter vierzig Jahren, beginnen damit, daß man sich zueinander hingezogen fühlt, sich verliebt. Das beruht sowohl auf einer Art physischen Magnetismus als auch auf der Anziehungskraft der Persönlichkeit. Viele junge Menschen fühlen sich durch ihren Partner angezogen, weil sie seine Augen oder seine Haare schön finden oder gut mit ihm tanzen können; und manchmal stellen sie nachher zum Glück fest, daß sie mit dem richtigen Menschen verheiratet sind. Sie lernen einander im wahren Sinn des Wortes lieben und führen dann wirklich eine gute Ehe. Öfter jedoch führt eine solche Oberflächlichkeit bei der Wahl des Ehepartners zu viel Kummer und letztlich zur Scheidung. Die richtige Wahl zu treffen erfordert Reife in der Urteilskraft und eine differenzierte Wahrnehmung der menschlichen Eigenschaften. Nicht viele junge Menschen sind dazu in der Lage. Deshalb haben wir Partnerschafts- und Eheberater. Man könnte viel Zeit sparen und Herzschmerz vermeiden, wenn junge Menschen schon vor der Eheschließung Rat suchten und nicht erst danach. Hier kann ein Horoskopvergleich hilfreich sein.

Bei einem Horoskopvergleich mit dem Schwerpunkt Liebe und Ehe können wir unsere Analyse in zwei Hauptbereiche unterteilen.

1. Anziehung
2. Verträglichkeit

Anziehung

Wir wollen uns zunächst mit dem Phänomen der Anziehung beschäftigen. Es geht hier um das gewinnende Wesen, den Einfluß, den jemand auf andere hat, den Charme, den Zauber, das Bezwingende. Manche Menschen sind für das andere Geschlecht anziehender als andere und geraten so schneller in Liebesangelegenheiten oder heiraten eher. Das sei nur nebenbei bemerkt.

Wenn man sich von jemandem angezogen fühlt, hat man Interesse an ihm, ist neugierig, ihm wohlgesonnen und bereit, Nachsicht zu üben. Man wird die Bekanntschaft suchen und pflegen. Bei einer Anziehung zwischen Menschen des gleichen Geschlechts entsteht Freundschaft. Wenn zwei Menschen verschiedenen Geschlechts sich stark zueinander hingezogen fühlen und unter den Bann einer Art animalischen Magnetismus geraten – die Anziehung zwischen den beiden Polen eines Gegensatzpaares –, sind die Voraussetzungen für eine Liebesbeziehung gegeben.

Manchmal ist Anziehung auch etwas Oberflächliches oder Vorübergehendes. Manch einer hat sich eine Zeitlang durch einen Menschen des anderen Geschlechts angezogen gefühlt und sich danach gefragt, was er in dem anderen eigentlich gesehen habe. Manchmal ist eine Anziehung auch einseitig. Viele Menschen verwechseln Mitleid mit Liebe oder lassen sich durch Schmeicheleien und Aufmerksamkeiten irreführen. Manchmal ist die Ursache für ein Gefühl der Anziehung auch nur Einsamkeit.

Wenn sich wirkliche Liebe entwickeln soll, muß die Anziehung auf mehr basieren als auf solch oberflächlichen Beweggründen. Beim Horoskopvergleich analysieren wir vielfältige Faktoren, und je größer die Anzahl der Aspekte ist, die für die Anziehung sprechen, desto stärker wird diese Anziehung auch sein. Wenn der Astrologiestudent nicht von beiden Personen die Geburtsstunde weiß, aus der sich der Aszendent errechnet, kann er auch aufgrund des

Aszendenten in einem Horoskop und der Planeten zu einer recht guten Beurteilung kommen. Ein Vergleich jedoch, der sich nur auf Planeten stützt, ohne die Aszendenten beider Horoskope, wäre unzureichend, und die Ergebnisse eines solchen Vergleiches sollten mit Vorsicht betrachtet werden.

Ein sehr wichtiger Faktor zur Beurteilung der Anziehung ist der Aspekt zwischen dem Aszendenten des einen Horoskopes und den Planeten des anderen. Das gilt nicht nur in bezug auf die Ehe, sondern auf alle Partnerschaften.

Sonne, Mond, Venus oder Mars in einem Horoskop im Aszendenten- oder Deszendenten-Zeichen des anderen Horoskopes sind ein astrologisches Zeichen für eine starke gegenseitige Anziehung. Auch Jupiter und Merkur sind günstig, weisen aber weniger auf eine emotionale Faszination hin, die ein gegenseitiges Angezogensein und Verliebtheit zwischen Mann und Frau auslösen kann.

Wenn der Aszendent oder der Deszendent des einen Horoskopes sich nicht mit den Planeten des anderen in den Zeichen verträgt, ist es zweifelhaft, daß die Anziehung zu einer Ehe führt. Aus meiner eigenen Erfahrung bei der Überprüfung dieser Regel kann ich sagen, daß aus einer Anziehung nie eine Ehe wird, wenn der Aszendent oder der Deszendent des einen oder beider Horoskope nicht auf diese Weise eine Rolle spielen.

Der Aszendent symbolisiert die persönliche Ausstrahlung des einzelnen und bestimmt dadurch die Intensität der Anziehung. Der Aszendent des einen Horoskops im Aspekt zu den Planeten des anderen Horoskops bestätigt und stützt jede Übereinstimmung und Verträglichkeit, die sich aus den Aspekten ablesen läßt, die zwischen den Planeten in den beiden Horoskopen bestehen.

Um die Anziehung beurteilen zu können, wie sie sich durch die Planeten ausdrückt, müssen wir auf folgendes achten: Die Sonne in einem Horoskop in Konjunktion, Opposition, im Sextil oder Trigon zum Mond des anderen Horoskops: Für die eheliche Harmonie ist es am besten, wenn die Sonne des Mannes den Mond der Frau aspektiert, aber auch der umgekehrte Fall weist auf eine mögliche Anziehung hin. Die Sonne ist das Symbol der männlichen und beschützerischen Eigenschaften eines Menschen. Der Mond symbolisiert die weiblichen und häuslichen Instinkte. Die Frau sucht in ihrem Ehemann jemanden, der die unbewußten männlichen (beschützenden und führenden) Eigenschaften ihrer eigenen Natur zum Ausdruck bringt. Ein Mann sucht in einer Ehefrau einen Menschen, der die verborgenen weiblichen (häuslichen und abhängigen) oder Mondeigenschaften in seinem Wesen lebt. Wenn die Sonne der Frau den Mond des Mannes aspektiert, kann sie dazu neigen, ihn zu dominieren oder die Führung übernehmen zu wollen. Dann wird die Frau zu »herrisch«, worüber sich viele unglückliche Ehemänner beklagen.

Der zweitstärkste Aspekt, der auf die Anziehung hinweist, besteht zwischen Mars und Venus. Mars symbolisiert die aggressive, sinnliche Triebnatur und Venus die passiven, nachgiebigen Gefühle. Mars ist der (männliche) Liebhaber. Venus ist die (weibliche) Geliebte. Beide Planeten haben sexuelle Bedeutung, das heißt, sie können auf die sexuellen Instinkte oder die Einstellung gegenüber der Sexualität und Liebe beim einzelnen hinweisen. Mars-Venus-Konstellationen in Horoskopen stimulieren deshalb gegenseitige Zuneigung und Begehren.

Bei all den hier erwähnten Konstellationen beziehen wir uns auf die Position eines Planeten im Horoskop des einen Menschen im Aspekt zum zweiten Planeten im Horoskop des anderen. So bedeutet Mars Konjunktion Venus, daß der Mars des Mannes in Konjunktion zur Venus der Frau steht (oder umgekehrt).

Mars Konjunktion Venus, Mars Trigon oder Sextil Venus weisen auf eine anregende und von beiden Seiten gleich starke Anziehung hin. Mars Opposition oder Quadrat Venus bedeutet eine starke physische Anziehung, die aber auch ein spannungsvolles Element enthalten kann. Zuviel Emotionales, manchmal Eifersucht oder Abwehr mischt sich in die Anziehung. Wenn in den beiden Horoskopen keine Punkte vorhanden sind, die eine Verträglichkeit deutlich unterstützen, sind solche Anziehungen wahrscheinlich von kurzer Dauer. Manchmal weist ein ungünstiger Mars-Venus-Aspekt auf eine einseitige Anziehung hin. Als planetarische Elemente, die auf eine Anziehung zwischen Mann und Frau hinweisen, können wir weiter betrachten:

Venus Konjunktion, Opposition, Trigon oder Sextil Uranus. In dieser Konstellation liegt eine große Faszination. Sie hat etwas Magnetisches. Wenn es so etwas gibt wie Liebe auf den ersten Blick, wird Uranus im Horoskopvergleich darauf einen Hinweis geben. Uranus steht für eine gewisse Erregbarkeit, und so wird, vor allem im Fall der Konjunktion, ein prickelndes und oft unkonventionelles Werben ausgelöst. Uranus in Konjunktion, Trigon oder Sextil zur Sonne oder zum Mond kann zu einer sehr gefühlvollen Anziehung führen. Im Fall einer Konjunktion von Uranus mit Venus, Sonne oder Mond kann die Versuchung zu vorehelichen Indiskretionen entstehen.

Venus in Konjunktion, Opposition, im Sextil oder Trigon zu Sonne oder Mond weist auf eine aus Sympathie, sozialer Geselligkeit, übereinstimmendem Geschmack und gemeinsamen Interessen gespeisten Anziehung. Mars in Konjunktion, im Trigon oder Sextil zu Sonne oder Mond kann ebenfalls als ein für die Anziehung günstiger Aspekt betrachtet werden. Es wird dem Leser aufgefallen sein, daß wir nur im Fall von Venus die Opposition nennen. Mars in Opposition zu Sonne und Mond neigt dazu, Störungen hervorzubringen, die die Anziehung trüben können. Beim Quadrat ist die Anziehung, auch wenn es sich in manchen Fällen positiv auswirkt, meist von kurzer Dauer, es sei denn, viele andere günstige Aspekte im Horoskopvergleich sprächen für eine große Verträglichkeit.

Wenn man aufgrund eines Horoskopvergleiches etwas über sexuelle Übereinstimmung aussagen kann, so verraten Aspekte zwischen Mars und Venus und vor allem zwischen dem Aszendenten des einen und Venus, Mars, Sonne und Mond des anderen Horoskops einiges.

Nicht jede Anziehung wird oder soll in einer Ehe münden. So manche gegenseitige Faszination wird nie über das Stadium des Werbens hinausgehen oder zur Auflösung einer Verlobung führen. In manchen Fällen werden die Umstände ein Zusammenwachsen verhindern oder die individuellen Ideale und Neigungen zu einer Trennung führen, bevor man sich zur Ehe entschlossen hat.

Es sei wiederholt, daß es in der Ehe um mehr als um Liebe und sexuelle Übereinstimmung geht. Wenn die Sexualität in der Ehe das Ausschlaggebende wäre, könnte eine gebildete und kultivierte Frau, die über eine starke sexuelle Ausstrahlung verfügt, mit jedem beliebigen männlichen, gesunden und gut aussehenden Mann glücklich werden, auch wenn dieser noch so ungehobelt und ungebildet wäre. Wir wissen jedoch, daß das unmöglich ist. Beide wären unglücklich, weil ihre grundlegenden spirituellen, geistigen und seelischen Bedürfnisse unweigerlich in Konflikt geraten würden. Eine kultivierte Frau würde sich zunächst einmal schon gar nicht von solch einem Mann angezogen fühlen. Kein Mann und keine Frau kann unter seinem Stand heiraten, ohne das zu bedauern. Aber selbst sexuelle Übereinstimmung mit einem Partner, der dem eigenen Niveau entspricht, wäre noch keine Garantie für eine glückliche Ehe. Die Hauptursache für Scheidungen sind nicht sexuelle Unverträglichkeiten, sondern ernsthafte persönliche Konflikte, finanzielle Schwierigkeiten oder ungelöste familiäre Schwierigkeiten.

Noch etwas zum Problem der Anziehung: In der Zeit der Adoleszenz, also etwa zwischen dem vierzehnten und neunzehnten Lebensjahr (dem Venus-Zyklus im Leben jedes Menschen), von dem wir im Kapitel über die Eltern-

Kind-Beziehung noch ausführlicher sprechen werden, in der das biologische Liebesgefühl erwacht, haben Mädchen oder Jünglinge oft eine ganze Reihe von »Angebeteten«, bevor sie ihre Zuneigung einem bestimmten Menschen zuwenden. Das ist die Phase des »Sich-Verliebens«, in der die Fähigkeit, tiefere Liebe zu empfinden, noch nicht erwacht ist. Ein durchschnittlich entwickelter Mensch ist in dieser Phase noch zu unreif, um seine Gefühle zu analysieren und macht sich deshalb selbst oft etwas vor. Er ist in die Liebe verliebt und gefällt sich darin, jemandem zu gefallen. Er läßt sich von flüchtigen Emotionen hinreißen. Deshalb enden so viele Frühehen heute mit einer Trennung.

Die Eigenschaften, die sie in ihrer Jugend bei anderen Menschen anziehend fanden, sind ihnen, wenn sie reifer sind, nicht mehr so wichtig, und wenn die jungen Eheleute nicht die Möglichkeit haben, sich gemeinsam weiterzuentwickeln, können die sich verändernden Interessen und Ideale eine Distanzierung bewirken. Sie können sich dann ihre geistigen Bedürfnisse gegenseitig nicht mehr erfüllen. Viele junge Menschen fühlen sich von jemandem angezogen, der ganz anders ist als sie, und dessen Eigenschaften einen Mangel ihrer eigenen Natur ausgleichen sollen. Wenn man reifer ist, wenn die Persönlichkeitsentwicklung abgerundeter ist, fühlt man sich eher zu wesensverwandten Menschen hingezogen.

Die Tatsache, daß Fachleute eine Ehe vor dem einundzwanzigsten Lebensjahr als riskant betrachten, stimmt mit der esoterischen Lehre überein, daß ein Mensch erst in seinem dritten Jahrzehnt beginnt, sich selbst zu erkennen. Er tritt dann in den Sonnenzyklus seiner Entwicklung ein. Er wird als erwachsen betrachtet und sollte bereit sein, die Verantwortung für sich selbst zu übernehmen (was leider nicht immer der Fall ist).

Aus Statistiken verschiedener Herkunft ist zu entnehmen, daß es häufiger Ehen zwischen Menschen verschiedenen

Temperaments als zwischen Menschen gleichen Temperaments gibt.

Glücklich verheiratete Paare haben jedoch meist ähnliche Ansichten. Auch wenn die Temperamente unterschiedlich sind, dürfen sie doch nicht so weit gehen, daß sie zusammenprallen, sondern sie sollten sich ergänzen und ausgleichen, was in dem Begriff Polarität ausgedrückt ist. In der Astrologie wird das Temperament durch die Elemente beschrieben, die Zeichen werden in die Kategorien Feuer, Erde, Luft und Wasser eingeteilt.

Widder, Löwe und Schütze sind *Feuerzeichen*. Die *Erdzeichen* sind Stier, Jungfrau und Steinbock. *Luftzeichen* sind Zwillinge, Waage, Wassermann und die *Wasserzeichen* Krebs, Skorpion und Fische. Menschen, die in den Feuerzeichen geboren sind, reagieren auf äußere Situationen emotional, sie wollen die Lösung von Problemen tatkräftig angehen und neigen mehr zur Impulsivität als zum Abwägen. Die Erd-Typen werden von dem Wunsch nach praktischen, nützlichen Resultaten motiviert. Gewöhnlich haben sie gesunden Menschenverstand, ob sie ihn nun einsetzen oder nicht. Die in den Luftzeichen Geborenen durchdenken und besprechen die Dinge gerne und denken meistens nach, bevor sie handeln. Der Wasserzeichen-Typus ist beeindruckbar, sensibel und intuitiv. Er neigt dazu, sich bei der Lösung von Problemen von äußeren Umständen leiten zu lassen.

Feuer- und Luft-Naturen haben eher eine extrovertierte Persönlichkeit, während die Wasser- und Erdtypen zur Introversion neigen. Um das beurteilen zu können, muß man jedoch das gesamte Horoskop des Betreffenden in Betracht ziehen. Wenige Menschen sind eindeutig Vertreter des einen oder anderen Prinzips. Die Einteilung in Persönlichkeitstypen, wie sie sich in der Symbolik der »Elemente« ausdrückt, wird weiterhin modifiziert durch die Kategorien kardinal, fix und beweglich. Die Kardinalzeichen sind Widder, Krebs, Waage, Steinbock; die fixen Zeichen Stier,

Löwe, Skorpion und Wassermann und die beweglichen Zeichen Zwillinge, Jungfrau, Schütze und Fische. Der kardinale Typus ist unternehmend und einfallsreich. Für diese Menschen liegt Fortschritt und Weiterentwicklung in Bewegung und Veränderung. Menschen, die in den fixen Zeichen geboren sind, zeichnen sich meistens durch Entschlossenheit und Ausdauer aus. Für sie liegt der Fortschritt darin, zu erringen und zu erwerben. Den beweglichen Typus charakterisieren Anpassungsfähigkeit und Einfallsreichtum. Für sie hat Fortschritt eher mit Weiterentwicklung als mit materiellen Errungenschaften zu tun.

Verträglichkeit

Will man bei der Analyse der beiden Horoskope die Verträglichkeit untersuchen, kommt es vor allem auf die jeweilige Position der Sonne an. Die Sonne symbolisiert Individualität und Temperament. Streben die beiden Individualitäten in vollkommen verschiedene Richtungen, so erschwert das die gegenseitige Anpassung in der Ehe erheblich.

Vor allem wenn die jeweiligen Sonnen im Quadrat oder in Opposition in fixen Zeichen stehen, ergeben sich für Verständnis und Anpassung viele Hindernisse, da beiden die charakterliche Flexibilität fehlt, die für das Geben und Nehmen in einer Ehe so notwendig ist. Wenn eine Frau mit der Sonne in einem fixen Zeichen einen Mann heiratet, bei dem ebenfalls die Sonne in einem fixen Zeichen steht, ist es gewöhnlich sie, die Konzessionen machen muß und sich dann durch ihren Partner behindert fühlt, ihre Individualität zum Ausdruck zu bringen – oder auch wirklich daran gehindert wird. Das gilt vor allem, wenn sie begabt und ehrgeizig ist und persönlichen Erfolg anstrebt.

Wenn die Sonnen der beiden Partner im Quadrat oder in Opposition stehen und die Ehe dennoch harmonisch beginnt, wird die Beziehung oft von langer Dauer sein. Ein charakterliches Harmonieren, verbunden mit zahlreichen gemeinsamen Interessen, wird die sich aus der konfliktreichen Sonnenstellung ergebenden Temperamentsunterschiede überwinden.

Eine ideale Konstellation ist Sonne Sextil Sonne, vor allem, wenn die beiden Zeichen im gleichen Dekanat der entsprechenden Zeichen stehen. Ein Sextil ist besser als ein Trigon, da hier eine Verbindung von Temperamenten entsteht, die zwar etwas verschieden, aber nicht so gegensätzlich wie im Fall von Sonne Quadrat Sonne sind. Mann und Frau sollten einander ergänzen und ausgleichen, aber nicht zu ähnlich sein, denn zuviel Ähnlichkeit schafft Widerstand. Aber die Verschiedenheit sollte auch nicht zu groß sein, da sonst das gegenseitige Verständnis, das Akzeptieren und die Versöhnung der Gegensätze zum Problem werden.

Nicht alle Menschen haben das Glück, dieses Ideal anzuziehen oder ihm sogar zu begegnen; wenn das der Fall ist und wenn sich im Horoskop die anderen Grundlagen zu einer geistigen, emotionalen und spirituellen Harmonie finden, können sie sich selbst glücklich schätzen.

Menschen, die im gleichen Zeichen geboren sind, bilden eine Klasse für sich. Ihre Ähnlichkeit im Typus und im Grundcharakter wird dazu führen, daß sie entweder außerordentlich gut zusammenpassen oder außerordentlich antagonistisch sind. Das hängt von den anderen Faktoren im Horoskop ab.

Wenn zwei Menschen in Zeichen geboren wurden, die vom gleichen Planeten beherrscht werden, wie Waage-Stier, beherrscht von Venus, Skorpion-Widder, beherrscht von Mars, Zwillinge-Jungfrau, beherrscht von Merkur, Schütze-Fische, beherrscht von Jupiter, Steinbock-Wassermann, beherrscht von Saturn (wobei für Skorpion, Fische und Wassermann die alten Herrscher genannt wurden), werden sie sich einander leicht anpassen können, vorausgesetzt, die geistig-emotional-spirituellen Grunderfordernissen sind erfüllt. Viele Menschen werden von einem Gegenüber angezogen, das in einem vom gleichen Planeten mitbeherrschten Dekanat eines anderen entsprechenden Zeichens geboren wurde.

Das können folgende Kombinationen sein:

Erstes Dekanat Widder, zweites Dekanat Zwillinge, drittes Dekanat Löwe, erstes Dekanat Skorpion, zweites Dekanat Steinbock, drittes Dekanat Fische; alle von Mars mitbeherrscht.

Zweites Dekanat Widder, drittes Dekanat Zwillinge, erstes Dekanat Jungfrau, zweites Dekanat Skorpion, drittes Dekanat Steinbock; alle mitbeherrscht von der Sonne.

Drittes Dekanat Widder, erstes Dekanat Krebs, zweites Dekanat Jungfrau, drittes Dekanat Skorpion, erstes Dekanat Wassermann; alle mitbeherrscht von Venus.

Erstes Dekanat Stier, zweites Dekanat Krebs, drittes Dekanat Jungfrau, erstes Dekanat Schütze, zweites Dekanat Wassermann; alle mitbeherrscht von Merkur.

Zweites Dekanat Stier, drittes Dekanat Krebs, erstes Dekanat Waage, zweites Dekanat Schütze, drittes Dekanat Wassermann; alle mitbeherrscht vom Mond.

Drittes Dekanat Stier, erstes Dekanat Löwe, zweites Dekanat Waage, erstes Dekanat Schütze, erstes Dekanat Fische; alle mitbeherrscht von Saturn.

Erstes Dekanat Zwillinge, zweites Dekanat Löwe, drittes Dekanat Waage, erstes Dekanat Steinbock, zweites Dekanat Fische; alle mitbeherrscht von Jupiter.

Die hier verwendeten Herrscherzuweisungen folgen dem chaldäischen System, das meiner Erfahrung nach sowohl bei persönlichen Interpretationen als auch bei Horoskopvergleichen zutreffend ist.

Bei Kombinationen von je zwei Dekanaten der oben genannten wird es eine Ähnlichkeit der Standpunkte, der Lebensanschauung und des Umgangs mit Problemen geben, die beiden Partnern helfen kann, sich eine Gemeinsamkeit aufzubauen, auch wenn in einigen Fällen die Temperamente gegensätzlich sind.

Wir brauchen aber neben der Position der jeweiligen Sonne andere astrologische Faktoren, um die Verträglichkeit beurteilen zu können; hier wird wieder die Beziehung zwischen den beiden Aszendenten und den jeweiligen Planeten in beiden Horoskopen wichtig.

Unter dem Kapitel *Anziehung* analysierten wir die Planeten eines Horoskopes in ihrer Verbindung zum Aszendenten oder Deszendenten des anderen Horoskops. Im folgenden wollen wir die Aszendenten und Planetenherrscher der Aszendenten im Horoskopvergleich betrachten. Und wie wir schon im vorigen Kapitel sagten: Wenn keine der Konstellationen vom folgenden Typus zutrifft, wird die Beziehung nicht zu einer Ehe führen, auch wenn die gegenseitige Anziehung noch so stark sein mag.

Im Aszendenten können wir Liebe und Zuneigung ablesen. Der Deszendent symbolisiert die eheliche Verbindung, die Verantwortung der beiden Partner füreinander.

1. Der Aszendentenherrscher des einen Partners steht im Aszendentenzeichen des Horoskops des anderen. Beispiel: Wassermann-Aszendent in einem Horoskop. Herrscher ist Uranus. Uranus in Schütze im anderen Horoskop; Schütze ist das Aszendentenzeichen in diesem Horoskop.

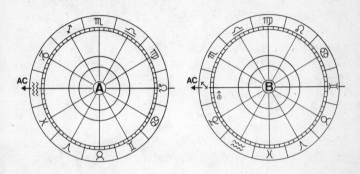

2. Der Deszendentenherrscher des einen Partners steht im Aszendentenzeichen des anderen. Beispiel: Waage am Deszendenten des einen Horoskops. Herrscher Venus. Venus im Steinbock im anderen Horoskop und Steinbock als Aszendentenzeichen dieses Horoskops.

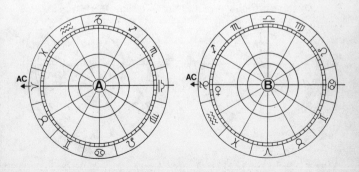

3. Aszendenten- oder Deszendentenherrscher des Horoskops A im gleichen Zeichen wie im Horoskop B oder im entgegengesetzten Zeichen. Beispiel: Stier am Deszendenten eines Horoskops. Venus als Herrscher, Venus in Skorpion im anderen Horoskop (und somit im Aszendentenzeichen von Horoskop A).

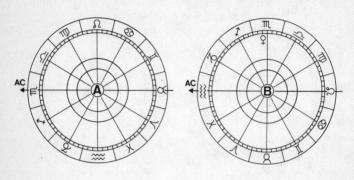

Ein anderes Beispiel: Mars, Herrscher des Aszendenten von Horoskop A, steht in Stier (Deszendentenzeichen des Horoskops A) im Horoskop B.

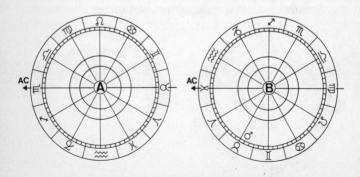

4. Die Aszendenten- oder Deszendentenherrscher beider Horoskope stehen im gleichen Zeichen. Beispiel: Steinbock-Aszendent im Horoskop A; sein Herrscher Saturn in Zwillinge. Stier-Aszendent im Horoskop B und Venus, sein Herrscher, in Zwillinge.

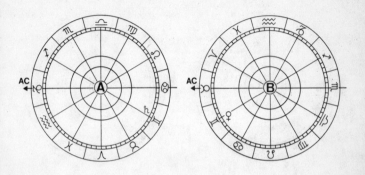

Oder: Herrscher des Deszendenten von Horoskop A, der Mond, in Fische. Herrscher des Deszendenten von Horoskop B, Venus, in Fische.

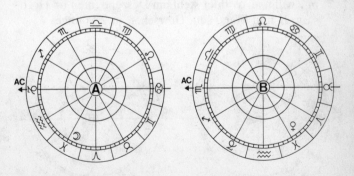

5. Die Herrscher der Aszendenten- oder Deszendentenzeichen stehen in den jeweilgen Horoskopen in entgegengesetzten Zeichen. Beispiel: In Horoskop A ist Stier am Aszendenten und Venus, sein Herrscher, in Jungfrau. Im anderen Horoskop ist Zwillinge am Aszendenten mit dem Herrscher Merkur in Fische.

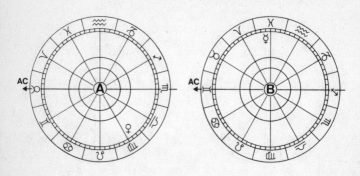

6. Der Aszendentenherrscher des einen und der Deszendentenherrscher des anderen Horoskops stehen im gleichen Zeichen. Beispiel: Krebs-Aszendent beim Horoskop A. Der Mond, Herrscher von Krebs, steht in Zwillinge. Widder steht am Deszendenten im Horoskop B und Mars, sein Herrscher, in Zwillinge.

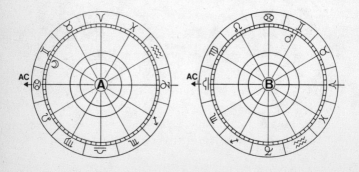

7. Der Herrscher des einen Aszendenten und der Herrscher des anderen Deszendenten stehen in den entgegengesetzten Zeichen. Beispiel: Stier mit der Herrscherin Venus am Aszendenten im Horoskop A in Steinbock. Schütze am Deszendenten im Horoskop B und sein Herrscher, Jupiter, in Krebs.

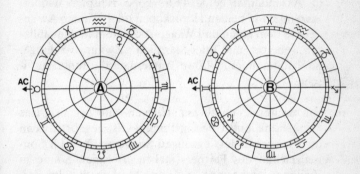

8. Beide Aszendenten oder der Aszendent des einen und der Deszendent des anderen Horoskops werden von den gleichen Planeten beherrscht. Beispiel:

Widder-Aszendent in einem Horoskop, Skorpion-Aszendent oder -Deszendent im anderen Horoskop, beide beherrscht von Mars.
Stier- und Waage-Aszendenten oder Aszendent Stier, Deszendent Waage, beide beherrscht von Venus.
Zwillinge-Jungfrau-Aszendenten oder Zwillinge-Aszendent und Jungfrau-Deszendent, beide beherrscht von Merkur.
Schütze-Fisch-Aszendent oder Schütze-Aszendent, Fische-Deszendent, beide beherrscht von Jupiter.
Steinbock-Wassermann-Aszendent oder Steinbock-Aszendent und Wassermann-Deszendent, beide beherrscht von Saturn.

In den beiden letztgenannten Fällen benutzten wir das alte System der Herrscher, obwohl wir auch Neptun bzw. Uranus als Herrscher von Fische bzw. Wassermann betrachten, wie aus anderen Beispielen ersichtlich ist.

9. Das gleiche Zeichen oder entgegengesetzte Zeichen als Aszendenten beider Horoskope. Beispiel: Widder-Aszendent in beiden Horoskopen oder Widder-Aszendent in dem einen und Waage-Aszendent in dem anderen, ebenso mit Stier-Skorpion, Zwillinge-Schütze, Krebs-Steinbock, Löwe-Wassermann, Jungfrau-Fische.

10. Ein weiterer, deutlicher Hinweis auf gegenseitiges Verständnis und Übereinstimmung ist gegeben, wenn die Herrscher der jeweiligen Sonnenzeichen im Sonnenzeichen des Partners stehen. Beispiel: Sonne in Zwillinge und Sonne in Krebs; Merkur, der das Zeichen Zwillinge beherrscht, steht in Krebs im Zwillinge-Horoskop; der Mond, der das Zeichen Krebs beherrscht, steht in Zwillinge im Krebs-Horoskop.

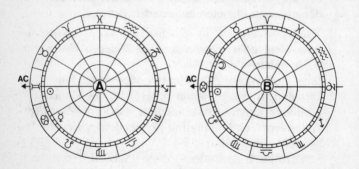

Zusätzlich werden Verträglichkeit und Dauerhaftigkeit unterstrichen, wenn der Herrscherplanet der beiden Aszendenten oder von Aszendent und Deszendent in Konjunktion, im Sextil oder im Trigon zueinander stehen. Oppositionen zwischen Sonne, Mond oder zwischen den Planeten Merkur, Venus, Mars und Jupiter können ebenfalls als günstig betrachtet werden. Ein weiterer Hinweis auf Dauerhaftigkeit einer Beziehung besteht darin, daß der Mondknoten des einen Horoskopes in Konjunktion mit einem Planeten des anderen steht, was jedoch hinsichtlich der Persönlichkeitsfaktoren nicht von Bedeutung ist.

Ausgewogenheit von Temperament und Typus

Ein weiterer wichtiger Faktor, der etwas über die Dauerhaftigkeit einer Beziehung aussagt, ist die Einteilung der Planeten in die Kategorien Feuer, Erde, Luft und Wasser (Hinweis auf das Temperament) und kardinal, fix und beweglich (Typus). Im individuellen Horoskop können die Planeten ganz unterschiedlich, manchmal auch sehr gleichmäßig verteilt sein, oder es findet sich die Mehrzahl der Planeten in einem Element oder ist von einer der drei Qualitäten geprägt. Beim Vergleich von zwei Horoskopen ist eine Ausgeglichenheit dieser Faktoren ein Hinweis für eine erleichterte Anpassung, die zu gegenseitigem Verständnis und Dauerhaftigkeit der Verbindung führt. Feuer und Luft harmonieren sehr gut miteinander, ebenso Erde und Wasser. Auch Luft und Wasser harmonieren recht gut, nicht jedoch Luft und Erde.
Wenn beide Partner den überwiegenden Teil der Planeten im gleichen Element haben, deutet das auf eine Ähnlichkeit im Temperament hin, die Spannungen oder Konflikte erzeugen kann. Das gleiche gilt für die typusbezogenen Kategorien. Eine große Zahl von Planeten in kardinalen Zeichen in beiden Horoskopen beispielsweise können Auseinandersetzungen darüber mit sich bringen, wer die Führung übernimmt oder wer die Autorität innehat. Stehen bei beiden eine Mehrzahl der Planeten in fixen Zeichen, kann

das eine beiderseitige Hartnäckigkeit bedeuten, die bei Meinungsverschiedenheiten über wichtige Fragen eine Einigung erschwert.

Einige Beispiele für gute Ausgewogenheit:

	Ehemann	Ehefrau
Feuer	1	4
Erde	3	2
Luft	5	2
Wasser	1	2
kardinal	2	1
fix	5	2
beweglich	3	7

Ein weiteres Beispiel:

Feuer	1	3
Erde	3	–
Luft	4	3
Wasser	2	4
kardinal	2	2
fix	5	2
beweglich	3	6

Geistige Übereinstimmung

Geistige Übereinstimmung wird durch Aspekte angezeigt, die in den jeweiligen Horoskopen zwischen Merkur und Mond oder zwischen Merkur und Merkur bestehen. Eine Konjunktion, ein Sextil oder ein Trigon zwischen Merkur-Mond oder Merkur-Merkur ist ein Hinweis auf Harmonie zwischen den jeweiligen Ideen, Interessen und Ansichten oder auf die Fähigkeit, sich in die Sichtweise des anderen zu versetzen, wenn Meinungsverschiedenheiten vorhanden sind. Solche Aspekte bedeuten auch eine gegenseitige geistige Anregung, ein Fördern der gegenseitigen Interessen, und sie stützen die Kameradschaftlichkeit. Eine Opposition zwischen Merkur-Mond und Merkur-Merkur kann zwar auch als günstig betrachtet werden, ist jedoch nicht so vorteilhaft wie die Konjunktion, das Sextil oder das Trigon. Ein Quadrat Merkur-Mond bedeutet zwar keinen ernsthaften Konflikt, aber doch leichte Unterschiede in den Ideen und individuellen Interessen. Ein Quadrat zwischen Merkur und Merkur jedoch kann die geistige Anpassung, das Verständnis und die Übereinstimmung sehr erschweren. Das gilt vor allem, wenn die beiden Merkure in fixen Zeichen stehen und wenn es zwischen beiden Horoskopen keinen Aspekt zwischen Merkur-Mond oder Merkur-Sonne gibt, der das gegenseitige Verständnis unterstützen würde. Eine Konjunktion, ein Sextil oder ein Trigon zwischen Merkur und Sonne oder Mond stützt das gegenseitige Verständnis und die Fähigkeit zu Kompromissen. Eine harmonische gegenseitige Anpassung ist möglich, wenn Vernunft und Denken (Merkur des einen Partners) mit den Worten und der Empfindsamkeit (Mond) oder den schöpferischen Instinkten und dem Wesen und den Idealen (Sonne) des anderen Partners harmonieren. Günstige Aspekte zwischen Jupiter und Mond oder Jupiter und Merkur stützen ebenfalls das Verständnis füreinander und die gegenseitige Anregung.

Die Saturnstellung

Auch die Saturnstellung des einen Horoskops, auf das Horoskop des anderen projiziert, ist von Bedeutung, denn Saturn symbolisiert Pflicht- und Verantwortungsgefühl und die disziplinierenden, Grenzen setzenden Eigenschaften ebenso wie Ausdauer und Stabilität des einen Partners, der mit diesen Eigenschaften den anderen beeinflußt. Saturn am Aszendenten, Deszendenten, MC oder IC, vor allem wenn der Saturn der Frau ins erste, zehnte, siebte oder vierte Haus des Mannes fällt (die Reihenfolge gibt hier zugleich die Stärke des Einflusses an), kann Schwierigkeiten bringen. Die Frau hat dann möglicherweise die Tendenz, den Mann einzuschränken oder ihm Steine in den Weg zu legen, kritisch oder zu fordernd zu sein. Die Verantwortung, die sie ihm auferlegt oder die sie für ihn bedeutet, kann ihn behindern.

Steht der Saturn des Mannes im ersten, zehnten, siebten oder vierten Haus der Frau, kann er einschränkend und manchmal frustrierend auf sie wirken. Wenn der Saturn des Mannes zudem im Quadrat zu Sonne, Mars, Mond, Venus oder Jupiter im Horoskop der Frau steht, trifft das noch mehr zu. Da der Mann jedoch meistens der Alleinverdiener ist und seine beruflichen Bestrebungen deshalb vorrangig erscheinen, bildet seine Saturnstellung in einem dieser vier Häuser kein so großes Hindernis für Übereinstimmung und materielles Gedeihen des Paares als im gegenteiligen Fall. Spannungen oder Anpassungsprobleme können jedoch in beiden Fällen entstehen, denn meist sind beide Partner davon betroffen, wenn einen von beiden irgend etwas erregt, weil es in einer intimen Beziehung wie in einer Ehe unmöglich ist, Gefühle und Stimmungen voreinander zu verbergen.

Der Bereich, in dem der Saturn des einen Horoskops im anderen Horoskop zu finden ist, weist auf eine Kristallisierung oder Begrenzung hin, auf eine Verpflichtung, die akzeptiert werden muß, oder auf Probleme, die der Lösung bedürfen. Saturn bedeutet immer eine gewisse Last in diesem Bereich.

Beispielsweise könnte der Saturn des Mannes im elften Haus der Frau eine Einschränkung ihres sozialen Lebens bedeuten oder seine Neigung, ihre Freunde zu kritisieren. Er ist möglicherweise eifersüchtig auf ihr Interesse an ihrem Bekanntenkreis, oder er legt ihr soziale Verpflich-

tungen auf, die nur seinem Vorteil dienen. Die Verpflichtung, die die Ehe mit ihm für sie bedeutet, kann für sie ein
Hindernis bei der Erfüllung persönlicher Hoffnungen und
Wünsche sein, auf die sie um der Harmonie und des Zusammenlebens willen vielleicht verzichten muß.

Wir können Saturn nicht ausweichen. Wo er auch steht,
bedeutet er Lektionen, die gelernt werden müssen, und
Anpassungsprobleme. Beim Horoskopvergleich sollte man
deshalb den Saturn suchen und dann entscheiden, ob seine
Strenge zu tolerieren ist. In manchen Fällen kann die Disziplin und das Verantwortungsgefühl Saturns der Charakterentwicklung dienlich sein. Der Saturn einer Frau im zweiten Haus des Ehemannes könnte zur Verbesserung der
gemeinsamen ökonomischen Situation beitragen, da sie
ihm entweder helfen wird, sparsam zu sein, oder seine
Tendenz zu Nachlässigkeit in Gelddingen zu überwinden.
Vielleicht hilft sie ihm auch, sein Verantwortungsgefühl im
ökonomischen Bereich zu stärken.

Wie man Horoskope vergleicht

Bei einem Horoskopvergleich mit dem Schwerpunkt Liebe
und Ehe sollte man auf folgende Punkte achten:

1. Man analysiere die Art und die Stärke der Anziehung
   wie unter der Überschrift *Anziehung* in diesem Kapitel
   beschrieben.

2. Man analysiere die Möglichkeiten für die Dauerhaftigkeit der Verbindung, wie das unter der Überschrift
   Dauerhaftigkeit erläutert ist.

3. Man vergleiche die Verteilung der Planeten in den
   Kategorien *Temperament* und *Typus,* um festzustellen,
   ob eine Ausgeglichenheit der charakterlichen Anlagen
   und des persönlichen Ausdrucks gegeben ist.

4. Man analysiere die Aspekte zwischen Sonne, Mond und Merkur im Hinblick auf die Harmonie der jeweiligen Ansichten der Partner, wie das unter der Überschrift *Geistige Übereinstimmung* beschrieben wurde.

5. Man beurteile den Einfluß der Saturn-Stellung des einen Partners im Horoskop des anderen.

6. Man erstelle eine Liste aller Aspekte zwischen den Planeten beider Horoskope und sehe im Teil 2 des Buches unter den Interpretationen der Vergleichsaspekte nach. Daraus wird deutlich, wie die einzelnen Planeten (der Einfachheit halber werden Sonne und Mond ebenfalls als Planeten bezeichnet) des einen Horoskops auf die des anderen reagieren.

Daraus läßt sich ersehen, wie bestimmte Instinkte, Gefühle, emotionale Veranlagungen und Charakterzüge (durch den jeweiligen Planeten bei einem Partner symbolisiert) die Instinkte, Gefühle, emotionalen Veranlagungen oder Charakterzüge des anderen Partners beeinflussen. Nachdem man das festgestellt hat, sollte man eine Liste aller günstigen Aspekte sowie eine eigene Liste aller schwierigen oder unharmonischen Aspekte erstellen. Sind die harmonischen Aspekte zahlreicher als die unharmonischen, sind gute Aussichten für das Gelingen der Ehe gegeben.

Die spannungsvollen Oppositionen und problematischen Konjunktionen und Quadrate dürfen, auch wenn sie nicht sehr zahlreich sind, nicht übersehen werden. Denn das ist die Crux des Horoskopvergleichs: Die Kongenialität und Anpassungsfähigkeit der beiden Partner und die erfolgreiche Bewältigung ihrer Probleme wird durch die Art und Weise bestimmt, in der sie mit den spannungsvollen Aspekten umgehen.

In ihnen spiegeln sich die Konflikte, die Ansatzpunkte für Mißverständnisse, Meinungsverschiedenheiten und Spannungen oder die Schwierigkeiten, Kompromisse einzugehen und zusammenzuarbeiten. Es sind die Prüfsteine der Geduld, des Verständnisses und der Suche nach einer gemeinsamen Arbeitsbasis. Dies sind die Aspekte, die Anlage, Charakter, Fähigkeiten, Treue, ja selbst spirituelle Integrität des einzelnen auf die Probe stellen. Die harmonischen Aspekte sind Hinweise auf die Möglichkeiten des Paares, durch gegenseitiges Verständnis und Übereinstimmung den Eigenschaften entgegenzuwirken, die Konflikte zwischen ihnen hervorrufen könnten. So können diese schwierigen oder problematischen Aspekte in gewissem Sinn gerade die Möglichkeit sein, den Charakter der beiden Partner zu veredeln und zu stärken und ihre Fähigkeiten zutage treten zu lassen.

Sind die gespannten Aspekte jedoch zahlreicher als die günstigen, vor allem in dem Fall, wo sehr schwierige Aspekte zwischen Saturn, Pluto, Uranus und Neptun gefunden werden, kann es sein, daß die beiden Partner im Zusammenleben gerade ihre schlechtesten Seiten hervorkehren. Dann wird ihre Zuneigung und Liebe die Herausforderungen des Zusammenlebens kaum bewältigen.

Es gibt Ehen, in denen der eine Partner vielleicht recht glücklich ist, während der andere nur wenig zufrieden oder sogar unglücklich ist. Wenn beide jedoch wirklich Liebe und Zuneigung empfinden, und wenn Mann und Frau gleichermaßen geben und nehmen können und sich gegenseitig achten und Selbstlosigkeit üben, sollten beide Partner Zufriedenheit im Zusammenleben empfinden.

Ist man verheiratet, so hat man viel voneinander zu lernen. Manchmal tauchen bei einem Partner erst nach der Ehe unerwartete Schwächen und Fehler auf, die der andere vorher gar nicht bemerkt hatte.

Nehmen wir einmal an, ein Paar sei schon eine ganze Reihe von Jahren verheiratet. Ein Horoskopvergleich kann solch einem Paar helfen, viele Unklarheiten in ihrer Beziehung zu lösen und vielleicht versöhnlicher miteinander umzugehen. Er kann sogar eine Ehe, die Gefahr läuft zu zerbrechen, retten. Viele Probleme, Meinungsverschiedenheiten und Spannungen können sich durch das so gewonnene Verständnis lösen. Und wenn immer noch zu viele Reibungsflächen da sind, sollte man sich vielleicht an die Worte Swedenborgs erinnern, der in seinem kleinen Buch *Die Liebe in der Ehe* schrieb:

> *Wenn Ehen unglücklich sind oder es an Zuneigung mangelt, bedeutet das nicht notwendigerweise, daß einer der Partner Schuld daran hat; auch sollten wir nicht glauben, daß solche Ehen für die Betreffenden nutzlos sind. Vielleicht sind die Prüfungen, die eine schwierige Ehe mit sich bringt, manchmal ein wichtiger Schritt zur Stärkung und Verfeinerung des Charakters.*

Es gibt natürlich Fälle, in denen die Seelenentwicklung eines Menschen durch eine unglückliche Verbindung eher behindert als gefördert wird. In solchen Fällen ist vielleicht eine Trennung am besten, allerdings nur, wenn der Betreffende keine Kompensation für seine unglückliche Ehe findet durch irgendeine Form des Selbstausdrucks oder durch eine erfüllende Tätigkeit, mit der er anderen Menschen dienen kann, und wenn durch die Trennung niemandem Schaden zugefügt wird.

Wir dürfen nicht vergessen, daß wir bei einem Ehe-Horoskopvergleich, wie bei allen anderen Vergleichen, die Reaktion zweier Individuen aufeinander prüfen. Wir müssen die beiden Horoskope auch getrennt untersuchen. Die Möglichkeiten eines Mannes oder einer Frau, eine Ehe erfolgreich zu gestalten, läßt sich an den Aspekten zu Venus oder zu Mond und Sonne ablesen.

Der Mond im Horoskop einer Frau weist auf ihre Fähigkeit hin, ein harmonisches Heim zu schaffen. Die Sonne im Horoskop eines Mannes zeigt seine Fähigkeiten als Ernährer, Beschützer, Vater oder Haushaltsvorstand.

Kapitel 3

Eltern-Kind-Beziehungen

Die wichtigste Aufgabe der Eltern ist, auch wenn sie das nicht immer erkennen, das Kind auf das Erwachsenwerden vorzubereiten. Indem sie dem Kind Zuneigung und Schutz geben, helfen die Eltern ihm dabei, emotionale Sicherheit zu entwickeln; durch angemessene Strenge lehren sie es, sich kameradschaftlich und verantwortlich zu verhalten. Durch ihre Lenkung lernt das Kind, sich so zu verhalten, daß es zu einem ausgeglichenen Menschen voller Selbstvertrauen heranwächst.

Vollkommene Harmonie in der Eltern-Kind-Beziehung wird durch den Altersunterschied (oder, wie es heute heißt, den Generationenkonflikt) erschwert. Wenn jemand Vater oder Mutter wird, neigt er dazu, zu vergessen, wie er sich als Kind verhalten hat, oder sogar, daß er je selbst ein Kind war. Erwachsene müssen daran erinnert werden, daß Kinder nicht einfach »kleine Erwachsene« sind, sondern individuelle Persönlichkeiten, daß ihre Persönlichkeit und ihr Charakter sich allmählich heranbilden und daß dieser Prozeß durch ihre Reaktion auf Eltern, Familie und häusliche Umgebung beeinflußt wird.

In dem Bibelspruch 22,6 können wir lesen:

Wie man einen Knaben gewöhnt, so läßt er nicht davon, wenn er alt wird.

Das stimmt mit der psychologischen Anschauung überein, daß die ersten sieben Lebensjahre für das Entstehen von Verhaltensmustern entscheidend sind. In dieser Zeit bilden sich Gewohnheiten, Verhaltensweisen und Komplexe. In der Astrologie ist dies der Mondzyklus der individuellen Entwicklung.

Ich habe im Laufe meines Lebens viele Elternpaare und ihr Verhalten den Kindern gegenüber studiert. Mir sind viele liebevolle Eltern begegnet (die meisten Eltern lieben ihre Kleinen), viele intelligente, wohlmeinende und gewissenhafte Eltern; aber wenige, die einen Ausgleich zwischen Liebe und Zuneigung einerseits und wohl überlegter Klarheit andererseits bei der Erziehung fanden. Trotz all der Bücher über Kinderpsychologie, die heute gelesen werden, sind die meisten Eltern entweder zu streng, sind übertrieben ängstlich oder zu nachlässig. Sie reagieren immer noch zu emotional und handeln zu sehr aus ihren persönlichen Begrenzungen heraus. Entweder wollen sie dominieren, sind zu besitzergreifend, oder sie lassen die Zügel zu sehr schießen. In ihren Plänen für die Zukunft des Kindes gehen die meisten Eltern zu sehr von dem aus, was sie sich für das Kind wünschen, und nicht davon, was für das Kind am geeignetsten ist. Sie wollen das Kind nach ihrem Bild formen, anstatt unbefangen sein Wesen zu erkennen und ihm zu helfen, seine besten Fähigkeiten und Möglichkeiten zu entwickeln.

Viele Eltern sind nicht konsequent, was das Kind verwirrt und seine Reaktionen beeinflußt. Ein Vater beispielsweise, den ich kannte, wurde, wenn er schlechte Laune hatte, wegen einer Kleinigkeit wütend auf seinen Sohn. Ein anderes Mal wieder lachte er über dasselbe Mißverhalten des Kindes. Natürlich wußte es bald nicht mehr, ob das, was es getan hatte, richtig war oder nicht.

Eine weitere Tatsache, die Eltern oft übersehen, ist die, daß die Kinder wahrscheinlich einen oder mehrere ihrer eigenen Charakterzüge geerbt haben. Wenn Eltern ihre eigenen Schwächen in ihren Kindern entdecken, vergessen sie vielleicht, daß sich das Kind nur seiner Anlage entsprechend verhält. Ist es kein wünschenswerter Zug, so können Eltern dem Kind am besten bei seiner Überwindung helfen, indem sie ihn bei sich selbst bekämpfen. Mit anderen Worten: Eltern müssen Vorbild sein und die positiven Eigenschaften an den Tag legen, die ihr Kind letzten Endes entwickeln soll. Kinder neigen dazu, ihre Eltern nachzuahmen und übernehmen dabei oft gerade die weniger angenehmen Eigenschaften.

Die Eltern sollten daran denken, daß sie die ersten Lehrer des Kindes sind. Schon von dem Augenblick an, in dem das Kind zum ersten Mal bewußt seine Umgebung wahrnimmt, was schon im zweiten Lebensmonat der Fall sein kann, beginnen sie auf es einzuwirken. In diesem frühen Entwicklungsstadium nennt man das in der Sprache der Psychologen Konditionierung. Damit ist das Entstehen oder Üben von Gewohnheiten gemeint. Zunächst werden die funktionalen physischen Gewohnheiten des Essens, Schlafens und des Sauberkeitsverhaltens erworben. Durch sie wird das Kind dazu konditioniert, sich von der animalischen Stufe zu einem sozialen Menschenwesen zu erheben. Später, wenn das Kind seine Umgebung bewußter wahrnimmt, entwickelt sich seine Aufnahmefähigkeit, sein Gesichts-, Gehör- und Tastsinn und damit seine Lernfähigkeit. Wenn es zu sprechen beginnt, verfeinert sich seine Wahrnehmung und seine Bereitschaft zum Lernen. In diesem Stadium können die Eltern es geistig auf den Schulunterricht vorbereiten. Kinder und Jugendliche lernen am besten, wenn sie schon vor der Schule gefördert wurden. Es ist zwar nie gut, das Kind zu etwas zu drängen, zu dem es dem Alter und der Intelligenz nach noch nicht bereit ist, aber es sollte in all dem gefördert werden, für das es Neigung und Aufnahmebereitschaft zeigt. Daß die meisten Kinder sehr lernwillig sind, sieht man daran, daß sie viele Fragen stellen und so viele Dinge zu tun versuchen.

Meiner Meinung nach ist die wichtigste Fähigkeit, die man einem Kind zunächst beibringen sollte, der Gehorsam, wobei ich nicht blinde Unterordnung unter die Willkür einer starken, physisch überlegenen Autorität meine, sondern einen Gehorsam, der aus dem Wunsch entspringt, den anderen zu erfreuen. Die Aufgabe der Eltern ist es hier, das Kind zu einer Kooperationsfähigkeit zu bringen, ohne sein natürliches Bedürfnis nach Entfaltung, Neugier und Durchsetzung zu stören. Solch ein Gehorsam kann nur durch Liebe und geduldiges Hinführen und Erklären gewonnen werden. Kinder wollen wissen, warum sie dieses tun und jenes unterlassen sollen.

Diese Einsicht wird selten in einem Schritt erworben, denn Kinder lernen, wie viele Erwachsene auch, nur durch Fehler und Mißgeschicke. Aber wenn ein Kind einmal die Beziehung zwischen Ursache und Wirkung begriffen hat, wird es bereitwilliger gehorchen. Oft ist wohl überlegte Korrektur notwendig. Die Erziehungsmethode, in der das Kind tun und lassen darf, was es will, ist vollkommen überholt; Kinderpsychologen erkennen jetzt, daß Verziehen und Verwöhnen dem Kind nur schadet. Aber Eltern sollten versuchen, das Wesen des Kindes zu verstehen, und sich nicht über jede kleine Unart aufregen. Es kann nämlich passieren, daß Eltern ganz normale Sprößlinge zu »Problemkindern« machen, indem sie versuchen, jeden Schritt des Kindes zu psychoanalysieren. Entscheidend ist es, daß man das Kind liebt und ihm klarmacht, was man von ihm erwartet und warum. Und dann braucht man vor allem Geduld, Phantasie und Humor.

Ein weiterer wichtiger Punkt, den die Eltern bei der Erziehung des Kindes beachten müssen, sind die Wachstumsstadien, die es durchläuft, und die die Astrologen als Entwicklungszyklen bezeichnen. Die Eltern dürfen von ihrem Kind im jeweiligen Stadium nicht zu viel erwarten. Vom ersten bis etwa zum siebten Lebensjahr befindet es sich im Mondzyklus. In dieser Periode entwickelt es viele persönliche Gewohnheiten, Beobachtungsgabe, Bewußtsein und Interesse für seine Umgebung, und es versucht, die Dinge durch seine Sinne, durch den Geschmacks-, den Tast-, Geruchs-, Gesichts- und den Gehörsinn zu verstehen und zu erfahren. Geschmacks-, Tast- und Gesichtssinn sind die Fähigkeiten, die sich zuerst entwickeln. Deshalb möchte das Kind alles in den Mund nehmen; das Schmecken ist eine Fähigkeit, durch die es viele Dinge erkennt und versteht. Dann entwickelt es Wahrnehmung durch den Geruchs- und Gehörsinn. Im Mondzyklus sind vor allem die Empfindungsreflexe vorherrschend. Wenn der Gehörsinn mit den Denkprozessen in Koordination tritt und wenn das Kind beginnt, Menschen, Geräusche und den Sinn von Worten zu erkennen und Dinge miteinander zu vergleichen, erkennen wir langsam das Erwachen seiner geistigen Fähigkeiten (Merkur).

Mit der Sprache wird die Beziehung zu den Eltern mehr vom Austausch, vom Geben und Nehmen geprägt. Die ersten sieben Jahre sind die wichtigsten für die Bildung der Persönlichkeitsentwicklung; die Einstellung zu den Eltern ist für diese Entwicklung entscheidend.

Etwa vom siebten bis zum zwölften Lebensjahr kann man die Entwicklung des Kindes mit Merkur in Verbindung bringen. Es ist die Zeit, in der das normale Kind rasch wächst, physisch wie geistig. Das Kind lernt, es beginnt seine Interessen, Fähigkeiten und seine geistigen Ausdrucksmöglichkeiten zu entdecken. Es spricht mehr und denkt mehr. Es legt zahlreiche Interessen an den Tag, durch die die Eltern besondere Begabungen entdecken können, jetzt allerdings noch eine allgemeinere Anlage.

In diesem Stadium sollten die Eltern dem Kind erlauben, mit Werkzeugen zu experimentieren und es dazu ermutigen, alles auszuprobieren, was sein Interesse erregt, vorausgesetzt, es ist keine körperliche Gefahr damit verbunden. Auch wenn diese Interessen nur vorübergehend sein mögen, helfen sie dem Kind, besondere Fähigkeiten zu entdecken. Das kann ihm später bei der Wahl eines passenden Berufes hilfreich sein oder in eine Liebhaberei münden, die dem jugendlichen Erwachsenen viel Befriedigung schenkt.

Zu Beginn der Pubertät und während der Adoleszenz tritt die Eltern-Kind-Beziehung in eine neue Phase. Vom vierzehnten bis etwa zum einundzwanzigsten Lebensjahr durchläuft der Jugendliche den Venus-Zyklus. Das ist die Phase des Heranwachsens, in dem die Drüsen sich biologisch so verändern, daß das Kind zum Mann oder zur Frau wird. In diesem Entwicklungsstadium entstehen viele emotionale Konflikte, da die Persönlichkeit zwar einerseits biologisch reif ist und der Unabhängigkeitsdrang in ihr erwacht, während sie sich andererseits (wenigstens unbewußt) wünscht, das behütete Kind zu bleiben. Das ist für den Jugendlichen eine sehr schwierige Zeit, denn er entdeckt völlig neue Bedürfnisse in sich, die er nicht ganz versteht. In dieser Zeit erlebt er das Erwachen verliebter und sexueller Gefühle. Für viele Eltern ist das eine kritische Periode im Umgang mit ihren Kindern. Wo zwischen Kind und Eltern jedoch Liebe und Vertrauen vorhanden sind, wird diese Übergangszeit für den Heranwachsenden nicht so schwierig sein.

Wenn der Jugendliche einundzwanzig Jahre alt wird, beginnt der Sonnenzyklus seines Lebens. In diesem Stadium sollte er fähig sein, mit sich zurechtzukommen und die Verantwortung für sich selbst zu übernehmen, und wenn die Erziehung in seinen jungen Jahren gelungen war, wird er das auch sein. Er braucht wohl noch Rat und Führung der Eltern (oder eines Erwachsenen, dem er vertraut), jedoch mehr in Form eines freundschaftlichen Beistandes als eines Einwirkens von Autorität.

In dieser Zeit sollten die Eltern bereit sein zu erkennen, daß ihr Kind für sich selbst verantwortlich ist, und es sollte sie nicht verletzen, wenn ihr Sohn oder ihre Tochter Neigungen zeigen, die denen der Eltern widersprechen. In diesem Stadium beginnt der Mensch eine individuelle Persönlichkeit zu sein und entdeckt sein wahres Selbst. Wenn ihm die Erziehung die Grundlagen seiner ethischen Einstellung und zur Eigenverantwortlichkeit und eine solide Bildung mitgegeben hat, sollten die Eltern dem jungen Menschen ruhig zutrauen, daß er keine allzu drastischen Fehler mehr begeht.

Ich habe oft Eltern gehört, die über ihren heranwachsenden Sohn oder über ihre heranwachsende Tochter sagten: »Ich weiß gar nicht, was mit ihm (mit ihr) los ist. Er (sie) hat sich noch nie so verhalten.« Astrologen wissen, daß Kinder sich plötzlich verändern können, wenn sie heranwachsen, und vor allem, wenn sie mit etwa zwanzig Jahren in den Sonnenzyklus eintreten. Wenn die Eltern das Entwicklungsstadium verstehen, werden ihnen Persönlichkeitsveränderungen nicht unbegreiflich sein. Ihre Bedeutung kann im Horoskop des Kindes aus der jeweiligen Position von Mond, Merkur, Venus und Sonne abgelesen werden.

Es ist sehr wichtig zu betrachten, wie Eltern und Kinder aufeinander reagieren. Aspekte zwischen den Planeten der Eltern zum Mond des Kindes im ersten Zyklus, die Aspekte ihrer Planeten zu Merkur des Kindes im zweiten Zyklus usw. werden ihnen helfen, ihre vermutliche Wirkung auf das Kind und die möglichen Reaktionen des Kindes auf die Eltern im jeweiligen Entwicklungsstadium zu verstehen.

Beim Vergleich der Horoskope von Eltern und Kind sollte man die Position der Aszendenten mit den einzelnen Planeten und die interplanetaren Aspekte zwischen den Horoskopen untersuchen. Wenn die harmonischen Aspekte zahlreicher sind, wird auch die Eltern-Kind-Beziehung im allgemeinen ungetrübt sein. Aber wenn die konfliktreichen Aspekte überwiegen, kann es Spannungen und Schwierigkeiten geben. Am schwierigsten sind die Quadrate zwischen den Planeten Mars, Saturn, Pluto, Uranus und Neptun. Auch Konjunktionen von Sonne und Mars oder Saturn und Mars, Saturn und Mond oder Saturn und Sonne können Verständnisprobleme zwischen Eltern und Kind symbolisieren.

In Fällen, wo viele Spannungen und Anpassungsprobleme auftreten, sollten sich die Eltern Mühe geben, das Kind zu verstehen und die eigenen Vorurteile und Wünsche hinsichtlich dessen, was das Kind tun oder werden soll, aufzugeben. Das Kind zu erziehen und ihm etwas beizubringen wird immer irgendwie möglich sein, wenn Vater und Mutter das Kind lieben, ihm Zuneigung und Vertrauen geben und die Kraft haben, dem Kind die moralischen und ethischen Werte zu vermitteln, die ihm helfen, ein guter Mensch zu werden. Mehr können Eltern nicht tun.

Manchmal harmoniert das Horoskop eines Elternteils besser mit dem des Kindes als das Horoskop des anderen Elternteils. In solch einem Fall kann der bevorzugte Elternteil dem anderen helfen, das Kind zu verstehen, und wird eher in der Lage sein, vernünftig mit dem Kind zu reden, es zu führen und zwischen ihm und dem anderen Elternteil zu vermitteln. Der Elternteil jedoch, der zum Kind eine harmonischere Beziehung hat, sollte aufpassen, das Kind nicht zu sehr zu verwöhnen und zu nachgiebig zu sein. Die Eltern sollten sich immer um Einigkeit in der Erziehung bemühen, denn wenn sie sich gegenseitig widersprechen, wird das Kind natürlich versuchen, das auszunutzen und einen Elternteil gegen den anderen auszuspielen. Wenn das Kind, das diese Schliche heraushat, durch die Unstimmigkeiten zwischen den Eltern nicht verwirrt und verunsichert wird, kann es dickköpfig und ungehorsam werden und dem Elternteil gegenüber, der versucht, ihm zu helfen, feindselig reagieren; andererseits wird es versuchen, dem nachgiebigeren Elternteil auf der Nase herumzutanzen. Daraus entsteht ein ernsthaftes familiäres Problem, das sich für beide Eltern wie auch für das Kind nachteilig auswirkt.

Kapitel 4

Die Beziehung zwischen Geschwistern

In seinem Buch *Der Sinn des Lebens* beschreibt Alfred Adler, wie sich aufgrund der Reaktionen der einzelnen Kinder einer Familie bestimmte Charaktereigenschaften bei ihnen entwickeln. Seine Theorie hat sich in den meisten Fällen als richtig erwiesen. Verständnisvolle und kluge Eltern werden in der Lage sein, die Entwicklung ungünstiger Charakterzüge zu verhindern oder zu korrigieren.

Die Entwicklung der Persönlichkeit wird beim Kind nicht nur durch seine Reaktion auf Eltern und Umgebung, sondern auch durch seine Einstellung zu den anderen Kindern in der Familie geprägt. Hier geht es um die gegenseitige Anpassung. Im allgemeinen fällt es dem ersten Kind schwerer, das zweite zu akzeptieren und sich anzupassen als umgekehrt dem zweiten. Der Älteste und der Jüngste einer großen Familie neigen eher dazu, eine gewisse Einseitigkeit oder Minderwertigkeitsgefühle zu entwickeln. Das »einzige« Kind erfährt manchmal zu viel elterliche Aufmerksamkeit und Nachsicht, entwickelt sich aber nicht unbedingt immer zu einem verwöhnten Geschöpf. Oft ist der Jüngste in einer großen Familie verwöhnter als das Einzelkind. In einer großen Familie liegt es an den Eltern, die vernünftige Anpassung der Geschwister untereinander zu fördern. Ein gewisses Maß an Rivalität oder Streit ist normal. Kinder sind nun einmal so. Meist sind solche Auseinandersetzungen gutartig, selten wirklich boshaft oder anhaltend. Die Eltern sollten vor allem auf Anzeichen von Eifersucht oder Klatschsucht achten, denn sie könnten Gefahrensignale sein, die zur Entwicklung negativer Charakterzüge beim Kind führen.

Kinder mit einem Altersunterschied von zwei oder drei Jahren können sich einander leichter anpassen, als wenn der Unterschied größer ist. Dies liegt sowohl an ihren unterschiedlichen Interessen als auch an den unterschiedlichen Entwicklungsstadien, in denen sie sich befinden. Geschwisterhoroskope können ebenso wie andere Horoskope verglichen werden. Das Ergebnis wird natürlich vor allem die Eltern interessieren. Der Nutzen solcher Horoskopvergleiche liegt gewöhnlich darin, daß man den Kindern helfen kann, besser miteinander auszukommen, wenn sie Schwierigkeiten miteinander haben. Auch wenn ein weiteres Kind geboren wird, entdecken die Eltern vielleicht beim Erstgeborenen neue Charakterzüge, die vorher nicht zu sehen waren. Die Eltern sollten dem Kind helfen, einer solchen Entwicklung gegenzusteuern, dabei aber nie Partei ergreifen. Denn gerade dadurch, daß sie ein Kind vorziehen oder es dem anderen als Vorbild hinstellen, entstehen die meisten Eifersüchteleien und Feindseligkeiten eines Kindes gegenüber seinen Geschwistern.

Bei erwachsenen Geschwistern kann ein Horoskop-Vergleich dazu dienen, die Aussichten einer geschäftlichen Partnerschaft oder Wohngemeinschaft zu überprüfen.

Nicht alle Geschwister harmonieren natürlicherweise miteinander, auch wenn sie dieselben Eltern haben. In den meisten Fällen aber wird sie, wenn sie heranwachsen, gegenseitige Anhänglichkeiten und gemeinsame Kindheitserinnerungen verbinden. Und gewöhnlich haben Kinder aus der gleichen Familie viele ähnliche Charakterzüge und Interessen, die die Verträglichkeit untereinander erleichtern.

Bei der Untersuchung von Familienhoroskopen kann man feststellen, daß die Aszendenten sehr oft im gleichen oder im entgegengesetzten Zeichen stehen. Oder der Aszendent oder Deszendent des einen Kindes und Sonne oder Mond des anderen weisen das auf, was wir als Familienmuster bezeichnen könnten. Oft stehen auch Planeten in den gleichen oder entgegengesetzten Zeichen oder dem gleichen Zeichentyp (kardinal, fix, beweglich) oder Planetenaspekte wiederholen sich. Meist bleiben diese Familienmitglieder ihr Leben lang miteinander in Verbindung.

Manchmal jedoch ist ein einzelnes Familienmitglied so anders als alle anderen, daß wenig gegenseitige Sympathie vorhanden ist und kaum der Wunsch besteht, in irgendeiner Weise an der familiären Gruppe festzuhalten.

Alle anderen Familienbeziehungen wie die zu Onkeln, Tanten, Cousinen oder angeheirateten Personen können hinsichtlich des gegenseitigen Verständnisses und der gemeinsamen Harmonie nach denselben Regeln des Horoskopvergleichs behandelt werden, wie sie schon genannt wurden.

Kapitel 5

Freundschaften

Wenn wir Freundschaften analysieren, müssen nicht ganz so viele Horoskopfaktoren in Betracht gezogen werden. Freunde sind, wenn sie nicht zusammen wohnen, selten über längere Zeit zusammen. In diesem Fall sollten die Horoskope eher im Sinne einer Geschäftspartnerschaft analysiert werden, in der gemeinsame Bemühungen und Verantwortlichkeiten eine Rolle spielen. Die Freundschaft zweier Menschen kann auf wenigen gemeinsamen Interessen beruhen, da es nicht schwerfallen sollte, im Hinblick auf harmonisches Beisammensein, Streit und Konflikte über mögliche Meinungsunterschiede zu vermeiden. Unterschiede des Temperaments und des Charakters zwischen den Betreffenden werden in einer Freundschaft nicht so leicht Konflikte hervorrufen wie in einer Ehe, in Eltern-Kind-Beziehungen oder anderen familiären Beziehungen. Freundschaften sind aber dann am innigsten und dauerhaftesten, wenn dennoch ein Maximum günstiger Aspekte im Vergleich zu finden ist. Anziehung und gemeinsame Interessen, die die Übereinstimmung fördern, zeigen sich an den jeweiligen Aszendenten, an Venus-, Mond-, Merkur-, Jupiter- und Sonnen-Aspekten. Menschen mit verträglichem Wesen und weitgespannten Interessen und Aktivitäten werden vielerlei Arten von Freunden anziehen. Jede Facette ihres Wesens wird einem anderen Freund entsprechen. Niemand sollte sich auf einen einzigen Freund beschränken, denn damit wird man weder dem Freund noch sich selbst gerecht. Jemand, der sich an einen einzigen Freund bindet, versagt sich die Anregung, die aus einer Vielfalt von Anschauungen entsteht; zudem neigt er dazu, den einzigen Freund zu sehr bestimmen oder für sich in Anspruch nehmen zu wollen. Menschen, die das tun, legen ein besitzergreifendes und egozentrisches Wesen an den Tag.

Freundschaften müssen erworben und gepflegt werden. Man kann von den Menschen nicht erwarten, daß sie sich für einen interessieren, wenn man sich nicht selbst für sie interessiert. Freundschaft ist etwas, das auf Austausch beruht. Eine gute Freundschaft gründet sich auf gegenseitiges Vertrauen. Hat man das Gefühl, sich auf einen Menschen nicht verlassen zu können, wird man ihm auch nichts anvertrauen. Wenn jemand das ihm gegebene Vertrauen mißbraucht, ist er kein aufrichtiger Freund. Freundschaften erfordern, ebenso wie andere Beziehungen im Leben, ein hohes Maß an Toleranz, Geduld, Taktgefühl und Humor, zudem Loyalität und Hilfsbereitschaft.

Man sollte zu jedem freundlich sein, denn die Liebe, die man ausstrahlt, ist ansteckend. Sie erzeugt Wohlwollen. Man sollte auch bei flüchtigen Kontakten mit Menschen, die man häufig sieht, Offenheit und Aufmerksamkeit zeigen, selbst wenn man nicht vorhat, sie zu intimeren Freunden werden zu lassen. Man weiß nie, wo oder wann man jemandem begegnen wird, zu dem möglicherweise eine für beide Teil erfreuliche und segensreiche Bindung entstehen kann.

Wir neigen dazu, Menschen abzulehnen, die negative Reaktionen wie Angst, Neid, Groll, Kritik, Widerstand, Abneigung hervorrufen, mit denen man im ethischen und moralischen Bereich nicht übereinstimmt oder die unser Gerechtigkeitsgefühl und unseren Stolz beleidigen; auch kritiksüchtige, kleinliche oder egozentrische Menschen stoßen uns ab. Man kann höflich, aber in gewisser Weise indifferent Menschen gegenüber sein, mit denen einen keine gemeinsamen Interessen verbinden oder die unangenehme Reaktionen in einem wachrufen. Wenn man jemanden ganz ernsthaft und heftig ablehnt, sollte man im eigenen Inneren nach der Ursache suchen, denn möglicherweise legt gerade dieser Betreffende Züge an den Tag, die man selbst bis zu einem gewissen Grad besitzt. Es ist eine psychologische Tatsache, daß wir unsere eigenen Fehler oft am deutlichsten bei anderen sehen. Dann sollte man an das Wort aus der Bibel denken: *»Richtet nicht, auf daß ihr nicht gerichtet werdet.«*

Kapitel 6

Geschäftliche oder berufliche Partnerschaften und andere Arbeitsgemeinschaften

Man kann einen Vergleich der Planeten entsprechend den im zweiten Teil dieses Buches angegebenen Regeln vornehmen, sollte dabei jedoch auf ein paar Punkte besonders achten.

Das vorrangige Ziel einer geschäftlichen Partnerschaft ist oftmals der materielle Gewinn. Da ökonomische Faktoren also die größte Bedeutung haben, ist die Jupiter-Position im Vergleichshoroskop von besonderer Wichtigkeit. Auch auf Saturn sollte man sehr achten, da er Pflichtgefühl und Verantwortungssinn und die Erfüllung der Aufgaben in allen Bereichen symbolisiert.

Jupiter in einem spannungsreichen Aspekt zu Jupiter oder Saturn in einem spannungsreichen Aspekt zu Saturn weisen auf ernsthafte Probleme oder Meinungsverschiedenheiten in den Bereichen hin, die diesen Planeten zugeschrieben werden.

Saturn in einem schwierigen Aspekt zu Jupiter, vor allem im Quadrat, ist ein Indiz für Probleme im Umgang mit finanziellen Angelegenheiten oder bei der Verteilung von Gewinnen. Da geschäftliche Partnerschaften im Horoskop in den Bereich des siebten Hauses fallen, sollten die Herrscher-Planeten der jeweiligen Dezendenten in harmonischen Aspekten miteinander stehen, wenn gute Zusammenarbeit und Einvernehmen erwünscht sind. Eine Konjunktion zwischen den Mondknoten im einen Horoskop und einem Planeten in dem anderen oder mit dem Aszendenten des anderen Horoskops kann etwas über die Dauerhaftigkeit des Zusammenschlusses aussagen.

In den meisten Partnerschaften wird wohl einer der beiden der tatkräftigere Teil sein, der die Führung und Verantwortung übernehmen, also eine dominante Rolle spielen will. Wenn beide aggressiv und sehr willensstark sind, wird es Konflikte geben, solange man nicht die jeweiligen Verpflichtungen klar umreißt und sich auch an diese Abmachungen hält.

Andere Formen beruflicher Zusammenarbeit

In einer Organisation, die aus vielen Einzelpersonen vom Chef bis zum Untergebenen besteht, findet sich vermutlich eine solche Vielfalt von Planetenkombinationen, daß es schwierig, wenn nicht gar unmöglich ist, einzelne Faktoren herauszugreifen, die eine vollkommene Harmonie zwischen allen Beteiligten garantieren können. Im allgemeinen kann man, wenn die Position der Planeten in der Geburtskonstellation einer Gruppe von Menschen feststellbar ist, herausfinden, daß sie durch bestimmte Zeichenkombinationen verbunden sind. Ich kannte beispielsweise eine Firma, in der zwei der höchsten Chefs mit Sonne in Wassermann geboren waren; der Präsident hatte eine Steinbock-Sonne und zwei Planeten in Wassermann und ein weiterer höherer Angestellter Sonne in Schütze und drei Planeten in Steinbock usw.

In allen großen Organisationen wird das Horoskop des Präsidenten oder Leiters dominierend sein und wird Erfolg oder Scheitern des Unternehmens beeinflussen, wenn nicht gar ausschließlich bestimmen, vorausgesetzt natürlich, er ist keine bloße Repräsentationsfigur. Er wird in beinahe allen Situationen die letzte Entscheidung treffen, ob sie nun weise oder töricht ist. Ihm wird die größte Verantwortung zukommen. Seine Mitarbeiter werden die größte »Anpassungsleistung« zu vollbringen haben, auch wenn der Chef bereit ist, den Rat anderer anzunehmen. Entscheidend ist, daß er sich, wenn er Menschen anzieht, deren Horoskope mit seinem in Konflikt stehen, gegen ihre ihm entgegenstehenden Eigenschaften wehren muß, wenn der Zusammenschluß von Dauer sein soll. Im Falle von Angestellten können Vergleiche gemacht werden zwischen ihnen und ihrem unmittelbaren Vorgesetzten oder dem Leiter der Abteilung, für die sie arbeiten.

Wer Horoskope bei der Einstellung benutzt, sollte natürlich zunächst die Qualifikation des Bewerbers für die Stelle erwägen, bevor er den Horoskopvergleich unternimmt.

Beim Vergleich der Horoskope sollte man vor allem auf die Positionen von Saturn, Merkur und Sonne achten. Steht einer dieser Planeten in einem gespannten Aspekt zum anderen Horoskop, wird die Verträglichkeit der Betreffenden wahrscheinlich zu wünschen übrig lassen.

Bei großen Organisationen mit vielen verschiedenen Abteilungen könnte man Horoskopvergleiche zwischen dem Leiter einer Abteilung und jedem einzelnen seiner Untergebenen machen. Die Eignung des Angestellten oder Arbeiters für seine Stelle hängt zum größten Teil von seiner Persönlichkeit, ebenso wie von seiner Intelligenz, seiner Ausbildung und Erfahrung ab. Menschen, die in oder mit großen Gruppen arbeiten, sollten die nötige Anpassungsfähigkeit haben, um mit allen möglichen Kollegen auszukommen, ein freundliches Wesen haben und gute Beziehungen pflegen können und die Bereitschaft mitbringen, kooperativ zu sein, usw. Manchmal wird jemand eingestellt, dessen Anlage und Persönlichkeit Unfrieden in der Umgebung hervorruft; dann ist es Sache des Vorgesetzten, die Angelegenheit in Ordnung zu bringen oder den Angestellten oder Arbeiter, der die Probleme verursacht, um des guten Einvernehmens in der ganzen Abteilung willen zu entlassen.

Gewöhnlich wird ein Chef oder Abteilungsleiter eher mit etwas mangelhaften Fähigkeiten eines Untergebenen fertig werden als mit negativen Charakterzügen. Jemand, der mit seinen Mitarbeitern gut zurechtkommt, wird eher bereit sein, den Ratschlägen des Chefs zu folgen und seine Anordnungen zu akzeptieren, als der Angestellte oder Arbeiter, der mit seinen Kollegen nicht auskommt. Auf die Dauer gesehen wird er sich besser in das Ganze einfügen und schließlich sogar einen tüchtigeren oder erfahreneren Kollegen, der mit den anderen nicht zurechtkommt, an Tüchtigkeit übertreffen.

Kurz gesagt: Hier, wie bei allen zwischenmenschlichen Beziehungen im Leben, bewahrheitet es sich wieder, daß die Fähigkeit, mit den Mitmenschen in Harmonie zu leben, der wichtigste Faktor für Erfolg und Zufriedenheit ist.

TEIL II
Aspektvergleiche

Kapitel 7

Stichworte zum Wesen der einzelnen Planeten

Bevor wir uns den Aspektvergleichen zuwenden, ist es vielleicht nützlich, die psychologischen Tendenzen und Persönlichkeitsaspekte aufzuzählen, die durch Sonne, Mond und die Planeten symbolisiert werden. Mit Hilfe dieser Schlüsselbegriffe fällt der Vergleich zwischen den Planeten zweier Horoskope leichter; die Interpretationen dieses Kapitels werden dadurch verständlicher und anschaulicher.

Sonne

Machtstreben. Vitalisierende, lebenspendende Kraft. Ausstrahlung. Symbol der Männlichkeit, Väterlichkeit, Autorität und Schöpferkraft. Ehrgeiz, Stolz, ein schützender, heilender, ermutigender Einfluß. Die Sonnen-Energie erschafft, erreicht Ziele, fördert das Wachstum, verehrt, beherrscht, unterstützt, dominiert, bringt zum Vorschein und verwandelt.

Mond

Häuslicher, familiärer Impuls, Bedürfnis zu dienen. Der unbewußte oder subjektive Geist. Empfänglichkeit, reagieren, widerspiegeln. Symbol der Weiblichkeit, Fruchtbarkeit, Mütterlichkeit; Anlage, Gefühl, Stimmung, Gewohnheit, Unterordnung, Anpassung, Gehorsam. Sensibilität, Intuition, visuelle und geistige Wahrnehmung, Empfindung, Imagination, Hygiene. Der Mond sieht, nimmt wahr, beobachtet, reflektiert, visualisiert, imaginiert, imitiert, dient, ißt, trinkt, schläft, nimmt auf, empfindet, spürt.

Merkur

Intellektuelles Streben. Der bewußte, objektive Geist. Symbol für Geistigkeit, Ideen, Interessen, für Neugier und Lernfähigkeit, Vernunft, analytisches Denken, Kommunikation, Selbstausdruck, Unterscheidungsfähigkeit, selektive Wahrnehmung, Urteil. Merkur erzählt, spricht, argumentiert, debattiert, schreibt, analysiert, erinnert sich, berichtet, studiert, lernt, reist, verkauft, verteilt, interpretiert, hört zu, reflektiert, meditiert, drückt sich mit den Händen aus.

Venus

Sozialer Impuls. Ausgleichender, harmonisierender, friedfertiger Einfluß. Symbol der Zuneigung, des Gefühls der Sympathie, der Freundschaft, der persönlichen oder sexuellen Liebe, des Verliebtseins, der Schönheit, Ordnung, Übereinstimmung, Treue, des Vergnügens, der Kunst und Musik, des Rhythmus, der Kultur und Raffinesse, des Freundschaftsgeistes, der Höflichkeit und der guten Sitten, des Takts, der Attraktivität, des Geschmacks, der reagierenden Haltung in der Liebe und Werbung. Venus liebt, bewundert, verschönert, vervollkommnet, unterhält, amüsiert, singt und tanzt, besänftigt, schenkt, verändert, gleicht aus, gibt nach, sympathisiert, schmückt, dekoriert, verschönert.

Mars

Aggressionstrieb, stimulierender und energetischer Impuls, Symbol des Begehrens, der Fähigkeit zum Handeln, zur Initiative, zum Führen und Ausführen; physischer Mut, Impulse, Fleiß, Unternehmungsgeist, Abenteuersinn, Vorwärtsdrängen, Willenskraft, Widerstandskraft, Kampfgeist, Verletzung; die aggressive Haltung in Liebe und Werbung, Eifersucht, Rachsucht. Mars führt, regt an, leitet in die Wege, diskutiert, provoziert, führt aus, wagt, irritiert, verteidigt, beleidigt, beschützt, leistet Vorschub, beutet aus, bewegt, fordert heraus, rebelliert, brennt, entzündet, beschleunigt.

Jupiter

Wohlwollender und beschützender Impuls. Wohltuender, erweiternder Einfluß. Symbol für Chancen, Wachstum, Belohnung, Überfluß, Großmut, Toleranz, Mildtätigkeit, Philanthropie, ethisches Streben, Glauben, Vertrauen, Idealismus, Verehrung, Gerechtigkeit, Gnade, Loyalität, Jovialität, Fernes, Prophezeiungsgabe. Jupiter läßt wachsen und gedeihen, beschützt, tröstet, hilft, erweitert, verherrlicht, gibt aus, schenkt, spekuliert, lacht, heilt, inspiriert, ermutigt, rät und philosophiert.

Saturn

Sicherheitsstreben. Konsolidierende, kristallisierende, konservierende, stabilisierende, reifende, disziplinierende und begrenzende Wirkung. Symbol für Pflicht, Antwort, Verantwortung, Selbstbeherrschung, Hindernisse, Ausdauer, Stoizismus, Verzögerungen, Sorgen, Befürchtungen, Ernsthaftigkeit, Feierlichkeit, Groll, Neid, Angst, Sparsamkeit, zurückhalten, vermindern, abkühlen. Saturn steht für Kritik, Ignoranz, Pessimismus, Negativität, Gedächtnis, Geschichte, Gründungen, Sorgen, Wissen durch Erfahrung, Alter und Tod. Saturn wägt ab, hält aus, steht durch, belastet, baut, unterrichtet, verwaltet, organisiert, konserviert, unterstützt, spart, häuft an, bindet, beschränkt, leugnet, verzögert, diskreditiert, entmutigt, züchtigt, zögert, hält zurück, frustriert, vermindert, kühlt ab, bestraft, haßt, grollt, kritisiert, verdammt, verbietet.

Uranus

Freiheitsdrang. Erregender, entwurzelnder, erweckender Impuls. Elektrische Energie. Symbol des Erwachens und der Entwicklung des höheren Bewußtseins. Rebellion, Individualismus, Freiheit, Altruismus, das Unvorhersehbare, Originalität, Erfindergeist, Forschergeist, das Neue und Ungewöhnliche, das Unkonventionelle, Extreme, unvorhergesehene Handlung, Instabilität, sich verlieren in Nebensächlichkeiten, Trennungen.
Uranus erweckt, entwurzelt, unterbricht, überrascht, fordert heraus, beunruhigt, stürzt um, regt an, revoltiert, widersteht, erfindet, befreit, trennt, entwickelt, läßt entstehen.

Neptun

Spiritueller Impuls und Flucht. Bezaubernder, entspannender, verdunkelnder, verwandelnder Einfluß. Chemische Energie. Symbol für Opfer, Resignation, Mitleid, Einfühlungsgabe, Geheimnis, Betrügerisches, Okkultismus, übersinnliche Wahrnehmung, Visionen und Träume, Trancezustände, Passivität, Fluchttendenz, Verzerrung, Enttäuschung, Irrtum, Täuschung, Mißverständnis, Ausweichen, Verwandlung, Inspiration, Idealismus, Intuition, Nachgeben, spirituelle Stärke oder moralische Schwäche und die

Tendenz, den Weg des geringsten Widerstandes zu gehen. Bei einem starken Charakter Hinweis auf spirituelle Führung und Schutz. Bei einem schwachen Charakter bedeutet Neptun die Neigung, der Verantwortung aus dem Weg zu gehen. Neptun nimmt auf, verhüllt, betrügt, verbirgt, verwirrt, lockt, löst auf, verheimlicht, verzerrt, betrügt, hypnotisiert, verführt, sublimiert, tröstet, enthüllt, inspiriert, transzendiert.

Pluto

Zerstörender und erneuernder Trieb. Verwandelnde Kraft. Atomenergie. Symbol von Verfall, Erosion, Vergiftung, Infektionen, Fruchtbarkeit, Nivellierung, Zerstörung, Beseitigung von Hindernissen, Zerfall, Besessenheit, Verschmelzung, verborgener Reichtum und Macht, Regeneration und Übergang, Tod und Wiedergeburt, Freiwerden von Kräften, starker Wille, Rücksichtslosigkeit, diktatorischer Geist; große Zusammenschlüsse, Wettbewerbe. Pluto erforscht, höhlt aus, verdirbt, reinigt, läßt explodieren, zerstört, unterminiert, löscht aus, plündert, vergiftet, überfällt, hält gefangen, zerfrißt, pervertiert, bringt zum Vorschein, reformiert, transformiert, regeneriert, erlöst.

Sonne, Jupiter, Mars, Uranus und *Pluto* sind aktivierend, zielstrebig, anregend, positiv, gepolt.
Mond, Venus, Saturn, Neptun reagieren, sind statisch, passiv, negativ gepolt.
Merkur ist neutral, modifizierend oder interpretierend, und seine Polarität wird durch die Planeten bestimmt, die im Aspekt zu ihm stehen, nicht nur im individuellen Horoskop, sondern auch im Horoskopvergleich.
Der Einfluß jedes Planeten kann konstruktiv oder destruktiv sein, wie die oben angeführten Definitionen zeigen. Jupiter beispielsweise kann die Äußerung guter Eigen-

schaften verstärken oder Schwächen hervorkehren. Es hängt ganz von den aspektierten Planeten ab. Bei Kombinationen von Saturn und Mars, Saturn und Neptun oder Saturn und Pluto können gegenseitige Modifikationen entstehen; in den meisten Fällen jedoch bringen Konjunktionen oder gespannte Aspekte zwischen diesen Planeten ihre negative oder destruktive Seite zum Vorschein, wenn sie nicht durch gute Aspekte von Venus, Sonne, Jupiter oder Merkur ausgeglichen werden.

Quadrate zwischen den »positiven« Planeten verhindern zwar nicht ihre gute Auswirkung, weisen aber darauf hin, daß zwischen zwei Menschen Unterschiede in der Äußerung der jeweiligen Impulse bestehen, die Mißverständnisse oder Irritationen bewirken könnten.

Konjunktion und Opposition neigen bei der Interpretation der Aspekte im Horoskopvergleich dazu, zu stimulieren und zu erregen. Sextil und Trigon bewirken Übereinstimmung, Harmonisierung und ein Hervorkehren der guten Eigenschaften, die die jeweiligen Planeten symbolisieren. Das Quadrat behindert oder frustriert und verstärkt negative Eigenschaften, es schafft Anpassungsprobleme und bewirkt innere Spannungen bei einem oder beiden Partnern oder einen offenen Konflikt zwischen ihnen in den Bereichen, die durch die betreffenden Planeten ausgedrückt werden.

Sextil und Trigon und einige Konjunktionen können der Schlüssel zur Lösung von Problemen sein, die in den Quadraten oder spannungsvollen Oppositionen zum Ausdruck kommen. Die Konjunktion ist, ob harmonisch oder disharmonisch, immer der herausforderndste und wichtigste Aspekt; die Opposition folgt als zweitwichtigste. Das Quadrat ist hinsichtlich der Anpassung die größte Herausforderung; Sextil und Trigon wirken vor allem passiv, führen aber letztlich zu dauerhafter Harmonie. Der Orbis der Wirksamkeit bei Aspekten zwischen schnell laufenden Planeten im Horoskopvergleich umfaßt bis ca. 6°, bei langsam laufenden Planeten bis ca. 3°.

Kapitel 8

Aspektvergleiche

Die folgenden Vergleiche sind so zu verstehen, daß der Planet des einen Horoskops in Beziehung zum Planeten des anderen Horoskops gesetzt wird.

SONNE

Sonne Konjunktion Sonne

Schöpferischer Machttrieb, Übereinstimmung. Menschen, die in gleichen Zeichen geboren sind, passen entweder ungewöhnlich gut zusammen oder irritieren einander. Das hängt von den anderen Aspekten in den jeweiligen Horoskopen ab. Bei vielen gemeinsamen Charakterzügen werden das gegenseitige Verständnis beispielsweise und die Übereinstimmung unterstützt, oder es entsteht heftige Feindschaft oder Rivalität. Sind viele gemeinsame Interessen vorhanden, kann diese Konstellation in den meisten Beziehungen sich recht gut auswirken. Es ist wahrscheinlich besser, wenn zwischen den betreffenden Personen einige Jahre Altersunterschied besteht.

Diese Konstellation kann bei Freundschaften, Eltern-Kind- oder Geschwister-Beziehungen günstig sein. Ob sie für die Ehe von Vorteil ist, hängt von den jeweiligen Positionen von Sonne und Mond und den Aspekten zwischen den beiden Monden und anderen Planetenpositionen und -aspekten ab.

Ich kannte einmal ein Ehepaar, bei dem beide Partner am selben Tag desselben Jahres, allerdings zu verschiedenen Stunden und an verschiedenen Orten, geboren worden waren. Sie schienen sich recht gut zu verstehen. Die Ehe hatte, als ich die beiden kennenlernte, schon fünf

Jahre bestanden und zwei Kinder hervorgebracht. Das ist der einzige Fall, den ich kenne, in dem Mann und Frau am gleichen Tag und im gleichen Jahr geboren waren.

Sonne Opposition Sonne

Schöpferischer und Machtimpuls bekämpfen einander oder gleichen einander aus. Menschen, die in entgegengesetzten Zeichen geboren wurden, ziehen sich manchmal gegenseitig an, manchmal stoßen sie sich jedoch auch ab. Wie bei der Konjunktion hängt das von anderen Vergleichsaspekten ab.

Wenn eine der Sonnen eine Opposition mit Saturn, Neptun, Uranus oder Mars bildet, kann es sein, daß sich nur schwer Harmonie einstellt, da in diesem Fall Saturn oder einer der anderen problematischen Planeten in Konjunktion mit der Sonne des zweiten Partners stünde. Auf einem Faktor jedoch kann man noch keine gültige Aussage aufbauen. Gewöhnlich ist die Beziehung bei Sonne Opposition Sonne harmonischer, wenn es sich um Menschen gleichen Geschlechts handelt. In der Ehe können mit Sonne Opposition Sonne starke Rivalitätsgefühle auftreten. Es sind dann viele Kompromisse notwendig, und meistens muß die Frau dem Mann gegenüber Konzessionen machen. Im Fall dieser Konstellation hängen die Reaktionen der jeweiligen Partner auch von anderen Faktoren im Horoskop ab.

Sonne Quadrat Sonne

Schöpferischer Impuls, Machttrieb und individuelles Temperament können hier zusammenstoßen. Das kann zu Mißverständnissen zwischen den beiden Partnern führen, vor allem wenn die jeweilige Sonne in einem fixen Zeichen steht. Ehrgeiz und persönliche Ziele lassen sich nicht leicht in Übereinstimmung bringen. In Freundschaften wirkt diese Konstellation weniger konfliktträchtig als in anderen Beziehungen. In Liebe und Ehe kann sie sich sehr frustrierend darstellen. Einer der Partner muß dann die meisten Kompromisse eingehen und der versöhnlichere Teil sein und fühlt sich dabei oft überfordert oder enttäuscht.

Sonne Sextil oder Trigon Sonne

Kreativer Impuls und Machttrieb harmonieren ohne Mühe. Die Anpassung der Temperamente ist nicht schwer. Gegenseitige Sympathie und Verständnis für die Ideale und Ziele des Partners sind vorhanden. Günstig für jede Art von Beziehung, vorausgesetzt, der Horoskopvergleich erbringt nicht viele andere Konfliktpunkte. Meist ein guter Aspekt für die Ehe, vor allem als Sextil.

Sonne Konjunktion, Sextil oder Trigon Mond

Schöpferischer Impuls und Machttrieb harmonieren mit den häuslichen passiven Tendenzen. Die männlichen und weiblichen Instinkte der beiden Partner sind in Übereinstimmung. Hier besteht Harmonie zwischen den Persönlichkeiten, gegenseitige Sympathie, geistige Übereinstimmung und Verständnis füreinander. Die Persönlichkeiten ergänzen einander, sind aber nicht identisch. Jeder hat in sich etwas vom Wesen des anderen. Der Mond-Partner ist intuitiv und sensibel in seinen Reaktionen auf den Sonnen-Partner. Die Sonne beschützt den Mond. Eine Konjunktion bedeutet starke Anziehung zwischen den Geschlechtern. Es ist besser, wenn die Sonne des Mannes den Mond der Frau aspektiert; in beiden Fällen jedoch weist diese Konstellation auf die Fähigkeit hin, eine enge Verbindung in Harmonie zu leben. Wenn die Sonne der Frau mit dem

Mond des Mannes in Konjunktion steht, könnte sie versuchen, ihn zu dominieren, was nicht klug wäre; ist sie sich dieser Tendenz jedoch bewußt, kann sie sie überwinden.

Sonne Opposition Mond

Schöpferischer Impuls und Machttrieb stehen dem häuslichen Impuls und der Passivität entgegen, wirken jedoch anziehend auf sie. Gegenseitige Anziehung und Austausch der Gefühle sind zwar vorhanden, aber nicht so harmonisch wie im Fall der Konjunktion. Es hängt viel von den anderen Aspekten des Vergleichs ab, ob diese Anziehung von Dauer sein kann. Ist sie dauerhaft, wird der Sonne-Partner meist die dominierende Rolle übernehmen. Die Partner können gemeinsam viel erreichen. Wird dieser Aspekt von anderen Faktoren gestützt, ist er für die Ehe günstig.

Sonne Quadrat Mond

Der Machtimpuls verträgt sich nicht mit dem häuslichen Impuls. Es bestehen Temperamentsunterschiede, vor allem bei Personen verschiedenen Geschlechts. Wie ernsthaft sie werden, hängt von anderen Aspekten ab. In der Ehe ist der Sonne-Partner manchmal vielleicht rücksichtslos, ignoriert oder kränkt den Mond-Partner, meist ohne es zu wollen. Der Mond-Partner wird sich hüten müssen, überempfindlich zu reagieren und jede Bagatelle in der Beziehung zu ernst zu nehmen. Der Aspekt muß jedoch keine ernsthaften Konflikte bringen, da die Differenzen meist auf der Ebene des Temperaments liegen und eine Anpassung möglich ist, wenn die Partner sich gemeinsam um Harmonie bemühen.

Sonne Konjunktion, Sextil oder Trigon Merkur

Der schöpferische Machttrieb harmoniert mit dem geistigen Impuls. Gute geistige Übereinstimmung und wahrscheinlich viele gemeinsame Interessen. Übereinstimmung wird leicht erzielt, die Partner können gut zusammenarbeiten. Der Sonne-Partner kann die Einstellung des Merkur-Partners beeinflussen, seine intellektuelle Entwicklung anregen und ihm neue Ideen geben. Das ist ein guter Aspekt zwischen Lehrer und Schüler, Eltern und Kind, Vorgesetztem und Angestelltem, er ist aber auch in allen anderen Beziehungen günstig. Merkur versteht die Sonne, und Verständnis ist für Übereinstimmung und gegenseitige Anpassung immer hilfreich.

Sonne Opposition Merkur

Der schöpferische Machtimpuls steht im Gegensatz zum geistigen Impuls oder gleicht ihn aus. Es ist geistige Anziehung und Anregung vorhanden, das Verständnis und die Übereinstimmung der Interessen sowie die Fähigkeit, sich zu einigen, sind jedoch nicht so gut wie bei der Konjunktion. Es könnte unterschiedliche Anschauungen geben, ob sie jedoch ein ernsthaftes Hindernis für die Harmonie und die gegenseitige Anpassung darstellen, hängt von anderen Aspekten ab.

Sonne Quadrat Merkur

Der schöpferische Impuls und das Dominanzstreben sind im Konflikt mit der geistigen Haltung. Es bestehen unterschiedliche oder miteinander unverträgliche Interessen und Vorstellungen und die Schwierigkeit, zur Übereinstimmung zu gelangen. Der Merkur-Partner kann dazu neigen, dem Sonne-Partner auszuweichen oder versöhnlich, aber nicht aufrichtig zu sein. Die Sonne ist möglicherweise gönnerhaft oder sie versucht, die geistigen Fähigkeiten und Ideen von Merkur zu ignorieren. Beide Partner neigen ausgesprochen oder unausgesprochen dazu, das Urteil des Gegenübers in Frage zu stellen.

Sonne Konjunktion, Sextil oder Trigon Venus

Schöpferischer Impuls und Machtimpuls harmonieren mit dem sozialen oder Liebesimpuls. Hier besteht eine magnetische Anziehungskraft, vor allem in Fall der Konjunktion. Dies sind Aspekte der Sympathie, Zuneigung, Freundschaft, Kameradschaft, Großmut, Hingabe, Loyalität, Selbstlosigkeit der beiden Partner zueinander und gegenseitiger Bewunderung und Ermutigung. Sehr gut für häusliches Glück und eheliche Treue. Die beiden Partner regen sich gegenseitig an, ermutigen einander und halten zusammen. Das Bedürfnis nach Geselligkeit und sozialen Kontakten stimmt gewöhnlich überein, so daß beide an den gleichen Vergnügungen Freude haben.

Sonne Opposition oder Quadrat Venus

Machtstreben und Schöpferkraft liegen im Konflikt mit dem sozialen oder Liebesimpuls. Kein Aspekt zwischen Sonne und Venus ist ernsthaft unverträglich; bei diesen Kombinationen aber ist die Harmonie und Sympathie zwischen den Partnern weniger vollständig als in der vorhergegangenen Serie von Sonne-Venus-Aspekten. Möglicherweise bestehen Unterschiede des Geschmacks, des Hintergrundes oder der kulturellen und sozialen Neigungen. Wenn es um Horoskope zweier Menschen verschiedenen Geschlechts geht, können Opposition und Quadrat Eifersucht, Neid und Besitzstreben, Extravaganz oder Nachlässigkeit eines Partners dem anderen gegenüber anzeigen. Die Opposition ist ein sehr starker Anziehungsaspekt, wenn es um Liebe und Ehe geht. Wenn andere Aspekte diese Konstellation stützen, hat eine dauerhafte Beziehung gute Chancen, auch wenn man die vorher erwähnten emotionalen Bedingungen nicht außer acht läßt.

Sonne Konjunktion Mars

Schöpferischer und Machtimpuls in Kombination mit dem Aggressionstrieb. Dieser Aspekt stimuliert Angriffslust und Ehrgeiz beider Partner. Beide können ermutigend aufeinander wirken, aber manchmal tritt auch Rivalität auf. Wenn beide Partner wirklich zur Zusammenarbeit bereit sind, werden sie rasch vorwärtskommen. Bei Menschen verschiedenen Geschlechts, vor allem in der Ehe, ist es am besten, wenn der Mars der Frau die Sonne des Mannes aspektiert. Im gegenteiligen Fall neigt der Mann dazu, sich der Frau gegenüber zu herrschsüchtig, fordernd und ungeduldig zu verhalten, ist aber zugleich auch Beschützer und Verteidiger. Er wird ihren Drang nach Unabhängigkeit und Macht stimulieren, wodurch Rivalitätsgefühle und Widerstand gegen ihn entstehen können. Dies ist ein Aspekt sexueller Anziehung und Übereinstimmung.

Sonne Sextil oder Trigon Mars

Das Dominanzstreben harmoniert mit dem Aggressionstrieb. Jeder der Partner weckt im anderen Selbstvertrauen, Energie, Ehrgeiz, Enthusiasmus, Initiative, Mut und Unternehmungsgeist. Bei engen Verbindungen besteht gewöhnlich Übereinstimmung in der Bemühung um ein gemeinsames Ziel.

Sonne Opposition Mars

Das Dominanzstreben steht in Opposition zum Aggressionstrieb. Wenn nicht viele harmonische Faktoren ihn ausgleichen, ist dies ein sehr konfliktträchtiger Aspekt. Die beiden Partner können einander anregen, meist jedoch findet eine Überstimulation statt. Sie leisten einander Widerstand und haben es schwer, kooperativ zu sein. Die Unverträglichkeiten ihrer Temperamente und die Neigung, sich über Zielsetzungen zu streiten, sind vermutlich problematisch. Es kann Eifersucht und Rivalität zwischen den beiden Partnern geben. Sie sind ungeduldig miteinander, manchmal sogar rachsüchtig. Viele harmonische Aspekte sind notwendig, um hier ein Gegengewicht zu schaffen.

Sonne Quadrat Mars

Dominanzstreben im Konflikt mit dem Aggressionstrieb. Der Ehrgeiz beider Partner steht in Widerspruch zueinander. Ihre Reaktionen aufeinander sind emotional und oft explosiv. Es entsteht leicht Feindseligkeit zwischen ihnen. Sie geraten bei jeder Gelegenheit aneinander und sind gegeneinander oft in der Defensive, was leicht zu Streitereien führt. Im Ehevergleich ist das ein schwieriger Aspekt, denn ein dauerhaftes Zusammenleben wird nur möglich sein, wenn ein großes Maß an Geduld und Ausdauer vorhanden ist. Einer der Partner wird in den meisten Situationen nachgeben müssen. Das kann oft dazu führen, daß der Betreffende rebelliert, sich frustriert fühlt und dem anderen grollt. Diese dauernde Unterordnung kann seine Gesundheit angreifen.

Sonne Konjunktion, Sextil oder Trigon Jupiter

Das Dominanzstreben harmoniert mit Großmut und Beschützergeste. Es ist ein inspirierender gegenseitiger Einfluß, der die beiden Partner ermutigt und bei dem Toleranz, Hilfsbereitschaft und bereitwilliges Vergeben im Vordergrund stehen. Sympathie, gegenseitiges Beschützen, Loyalität, Großmut und Vertrauen zueinander beherrschen die Partnerschaft. Wenn sich beide darum bemühen, können sie das Beste aus dem anderen herauslocken und werden das instinktiv auch immer tun. Sie nützen einander sowohl im spirituellen wie auch im materiellen Bereich. Auch wenn negative Aspekte zwischen den Horoskopen bestehen, wird, wenn eine dieser Sonne-Jupiter-Konstellationen zu finden ist, der Wunsch vorhanden sein, sich gegenseitig zu beschützen und zu helfen. Der Sonne-Partner, der vom Jupiter des anderen aspektiert wird, zieht wohl in den meisten Fällen den größten Nutzen aus der Partnerschaft.

Sonne Opposition oder Quadrat Jupiter

Das Dominanzstreben des einen Partners ist eine Herausforderung für den großzügigen Sinn des anderen. Diese Aspekte sind nicht disharmonisch, doch es ist weniger Liebenswürdigkeit und Austausch vorhanden als bei den günstigeren Aspekten zwischen Sonne und Jupiter. Bei diesen Konstellationen kann der Sonne-Partner versucht sein, die Verantwortung Jupiter zu überlassen. Die Hilfsbereitschaft ist dann eher einseitig. Der Jupiter-Partner verspricht möglicherweise mehr, als er halten kann, wirkt aber dennoch unterstützend. Im Quadrat wird ein Konflikt zwischen den Zielen, Idealen und ethischen Vorstellungen des Jupiter-Partners und den materiellen Ambitionen des Sonne-Partners bestehen. Die Sonne erwartet zu viel von Jupiter. Wenn die Mehrzahl der Aspekte zwischen den beiden Horoskopen harmonisch ist, kann man mit dieser Sonne-Jupiter-Verbindung leichter umgehen; im anderen Fall ist sie mit Vorsicht zu betrachten.

Sonne Sextil oder Trigon Saturn

Das Dominanzstreben harmoniert mit dem Sicherheitsbedürfnis. Diese Aspekte sind ein Indiz dafür, daß Vertrauen, Begeisterungsfähigkeit, Ehrgeiz, Organisationstalent und Ausdauer, die zum Erreichen gemeinsamer Ziele notwendig sind, sich in Harmonie befinden. Übereinstimmung im Umgang mit Problemen, in der Verteilung von Pflichten, Autorität und Verantwortung sind dadurch gesichert. Saturn verbindet Stabilität und Loyalität mit der Sonne. Der Aspekt ist besonders gut für geschäftliche und finanzielle Partnerschaften. Jeder begrenzende und einschränkende Einfluß, den Saturn möglicherweise auf die Sonne hat, wirkt sich auf die Dauer gesehen vorwiegend gut für beide aus. Die Sonne ermutigt Saturn und flößt ihm Vertrauen ein. In der Ehe sorgen diese Aspekte für Dauerhaftigkeit.

Sonne Konjunktion Saturn

Machttrieb und Sicherheitsstreben verbinden sich. Dieser Aspekt kann gut oder weniger gut sein, je nachdem, ob die meisten Aspekte zwischen den Horoskopen harmonisch oder spannungsvoll sind. Saturn zügelt die Sonne etwas, was für letztere jedoch vorteilhaft ist. Saturn erinnert die Sonne an Pflichten und Verantwortung und kann ein wenig zu Kritiksucht neigen. Die Sonne tut ihr Bestes, um Saturn zu ermutigen und zu vitalisieren, Sorgen zu lindern, Ängste oder andere negative geistige Haltungen Saturns zu zerstreuen. Die Sonne muß oft auf Saturn warten, der ihr in gewisser Weise zu langsam ist oder erscheint. Saturn braucht die Sonne, um sich von ihr anregen zu lassen; manchmal überläßt er ihr auch die Verantwortung oder versucht, sie für Probleme verantwortlich zu machen. Saturn kann die Sonne niederdrücken oder entmutigen, ihre Stimmung und Begeisterung dämpfen, was jedoch der Sonne helfen kann, praktischer und realistischer zu werden. Der Sonne-Partner wird sich dem Saturn-Partner gegenüber tolerant und nachsichtig verhalten.

Beide Partner verhalten sich loyal einander gegenüber, wenn der Vergleich insgesamt gut ausfällt. Sonne Konjunktion Saturn bildet ein schwer zerreißbares Band. Saturn braucht die Sonne und hält sie fest. Der Saturn-Partner sollte sich bemühen, die Sonne nicht zu sehr in Fesseln zu halten bzw. sie es nicht fühlen zu lassen. Saturn hat einen strukturierenden Einfluß auf die Sonne. Der Sonne-Partner wird die ihm fehlende Disziplin und Geduld durch den Saturn-Partner lernen. In der Ehe kann eine Sonne-Saturn-Konjunktion zuweilen mit einem großen Altersunterschied oder mit einer altersmäßigen Überlegenheit der Frau gegenüber dem Mann einhergehen. Bei diesem Aspekt ist es besser, wenn die Sonne der Frau den Saturn des Mannes aspektiert. In beinahe allen Fällen wird Saturn aus der Beziehung den größeren Nutzen ziehen, da die Sonne die meisten Konzessionen machen und am ehesten kompromißbereit sein muß, um die Harmonie zu erhalten.

Der Saturn-Partner sollte sich davor hüten, zu egozentrisch, kritisch, kalt und unnahbar zu sein, Disziplin und Pflicht zu sehr zu betonen oder die Bestrebungen des Sonne-Partners zu gering zu achten. Zuviel saturnalischer Pessimismus kann die Vitalität und den Optimismus der Sonne schwächen. Manchmal neigt Saturn dazu, die Sonne zu sehr für alles verantwortlich zu machen, was nicht nach Wunsch geht. Saturn zeigt oftmals nicht so viel Einfühlungsgabe, wie er könnte, ist aber gewöhnlich loyal und verläßlich. Sind gute Aspekte im Vergleich vorhanden, wird die Sonne-Saturn-Konjunktion sich als stabilisierender Einfluß bemerkbar machen, da die Vorsicht von Saturn eine Tendenz zur Leichtfertigkeit bei der Sonne im Zaum halten kann. In allen Fällen aber muß sich Saturn um Entgegenkommen und Beweglichkeit bemühen, um seine praktischen und ernsthaften Standpunkte der Sonne nahezubringen.

Bei Eltern-Kind-Beziehungen, bei denen der Saturn der Eltern die Sonne des Kindes aspektiert, können die Eltern zu streng sein, zu viel Gewicht auf Pflichten legen oder sich übertrieben um die körperliche Sicherheit des Kindes sorgen, wodurch im Kind Ängste entstehen. Das Kind kann Furcht vor Vater oder Mutter entwickeln, was seine Gesundheit beeinträchtigen kann.

Sonne Opposition Saturn

Dieser Aspekt ist der Konjunktion ähnlich, kehrt aber den Widerstand der Partner gegeneinander noch mehr hervor. Die einschränkenden, begrenzenden Eigenschaften Saturns werden von der Sonne nur zu deutlich wahrgenommen. Saturn kann fordernd und wenig kompromißbereit erscheinen und wird sich unnötig gegen die Sonne sträuben. Manchmal ist Saturn mißtrauisch, fordernd, urteilt zu hart, beklagt sich zu viel und neigt dazu, die Sonne zu demütigen.

Sonne Quadrat Saturn

Dominanzstreben im Konflikt mit dem Sicherheitsstreben. Hier stoßen die Vorstellungen von Sicherheit, Stabilität, Pflicht, Sparsamkeit und Verantwortung von Saturn mit dem Optimismus, Ehrgeiz und dem Vertrauen der Sonne zusammen. Der Saturn-Partner schränkt den Sonne-Partner ein, hemmt oder frustriert ihn. Saturn kann die Sonne mit Sorgen belasten, einengen, deprimieren, behindern,

entmutigen oder disziplinieren, wenn nicht in Worten oder
Taten, dann durch die Erfahrungen in der gemeinsamen
Beziehung. Der Druck des Saturn-Partners wird für den
Sonne-Partner schwerer zu akzeptieren sein als im Fall
anderer Saturn-Sonne-Aspekte. Dieses Quadrat verursacht
oft Rückschläge oder Verluste, im Geschäftlichen ebenso
wie in der Ehe. Saturn kann die Sonne einengen oder ihr
in irgendeiner Weise Hindernisse in den Weg legen, so
daß sie Schulden oder Lasten auferlegt bekommt oder
Probleme zu lösen hat. Manchmal enttäuscht Saturn die
Sonne oder entmutigt sie. Er kann ihre Hoffnung und
ihr Vertrauen schmälern. Das mag nicht absichtlich geschehen, sondern hat seine Ursache in Erfahrungen oder in
der Anlage des Saturn-Partners. Dem Ehrgeiz der Sonne
werden Zügel angelegt durch die Probleme und Verantwortung, die der Saturn-Partner mit in die Beziehung
bringt.

Sonne Konjunktion Uranus

Dominanzstreben verbindet sich mit Individualismus und
Freiheitsdrang. Dieser Aspekt kann zu starker körperlich-
seelischer, aber auch sprunghafter Anziehung zwischen
Menschen verschiedenen Geschlechts führen. Meist beginnt sie als heftige Verliebtheit. Ob glücklich oder unglücklich, hängt von anderen Aspekten zwischen den Horoskopen ab. In harmonischen Horoskopen stimuliert der
Aspekt Originalität, Schöpferkraft, spirituelle Ideen, Intuitionen oder neue Einfälle bei einem oder beiden Partnern.
Uranus läßt der Sonne neue Ziele erstrebenswert erscheinen oder weckt Talente in ihr. In disharmonischen Horoskopen neigt er dazu, unkonventionelle Reaktionen, Rebellion oder exzentrisches Verhalten beim einen Partner
gegenüber dem anderen hervorzurufen. Ob die Beziehung
glücklich ist oder nicht, jedenfalls hat sie immer etwas
Einzigartiges, wenn dieser Aspekt anzutreffen ist. Die bei-

den Partner werden häufig durch Umstände getrennt – einer von beiden muß zum Beispiel oft reisen. Uranus ist in seinen Reaktionen auf die Sonne immer unberechenbar. Der Sonne-Partner weiß im voraus nie, wie der Uranus-Partner sich in einer bestimmten Situation verhält. Für einige Sonne-Menschen mag das anziehend oder anregend wirken, während andere dadurch nur verwirrt werden. In Freundschaften weist der Aspekt auf eine sporadische, aber interessante und anregende Verbindung hin. Es ist ein sehr guter Aspekt zwischen Astrologe und Klient. Für Geschäftspartnerschaften ist er weniger günstig, da die sprunghafte Art von Uranus den Dingen manchmal den Boden entzieht oder auf die Sonne chaotisierend wirkt. Es hängt viel von der Art der Unternehmung ab: schöpferische oder künstlerische Vorhaben werden durch diesen Aspekt möglicherweise sogar sehr gefördert.

Sonne Sextil oder Trigon Uranus

Schöpferischer Impuls und Individualismus ergänzen sich harmonisch. Es besteht spirituelle Übereinstimmung, und gewöhnlich beziehen beide Partner etwas Positives aus der Verbindung. Ihr Ideenaustausch regt sie zu originellen Einfällen an. Es werden intellektuelle und schöpferische Fähigkeiten geweckt. Solche Menschen sind immer interessant füreinander. Wo es um Liebe und Ehe geht, beleben diese Aspekte das Gefühl des Angezogenseins vom anderen und steigern die gemeinsamen Interessen und die Kameradschaftlichkeit.

Sonne Opposition oder Quadrat Uranus

Schöpferischer Impuls und Machtstreben stehen im Konflikt mit dem Freiheitsstreben. Bei diesem Aspekt geraten die beiden Individualitäten aneinander. Der unberechenbare Uranus läßt die Sonne immer im ungewissen. Uranus lehnt sich gegen den Einfluß der Sonne und ihre Autorität auf. Wenn einer dieser beiden Aspekte im Horoskopvergleich auftaucht, kann man selten mit Kooperationsfähigkeit der beiden Partner rechnen. Oft bewirkt er Trennungen oder auch eine immer wieder unterbrochene Verbindung. Wenn die Partner nicht ausgeglichen und selbstdiszipliniert sind, ist eine enge Verbindung für beide wahrscheinlich nicht befriedigend. Das Quadrat wirkt sich hierbei noch negativer aus und ruft manchmal sogar heftige Reaktionen hervor. Uranus leistet der Sonne Widerstand. Beide sind ungeduldig und rebellisch gegeneinander.

Sonne Konjunktion Neptun

Der Dominanzimpuls verbindet sich mit Flucht- und Opfertrieb. Sind die zwei Horoskope durch eine Vielzahl guter Aspekte verbunden, weist dieser Aspekt auf eine spirituelle Verbindung, gegenseitige Inspiration, Verständnis, Sympathie, Mitgefühl und außergewöhnliche Sensibilität der Partner untereinander hin. Es besteht eine seelische Verbindung oder Anregung im Bereich okkulter Interessen zwischen beiden. Bei Personen verschiedenen Geschlechts bewirkt dieser Aspekt Verehrung, romantische Gefühle, Devotion, Idealismus, Toleranz und persönliche Opferbereitschaft. Die Beziehung gründet sich auf viel Mitgefühl, manchmal auch Mitleid. Die Bindung ist zart, aber oft unzerreißbar. Wenn zwischen beiden Horoskopen jedoch viele gespannte Aspekte bestehen, kann diese Konstellation, auch wenn sie Sympathie bewirkt, eine gewisse Versuchung und Enttäuschung mit sich bringen. Neptun macht oft Versprechungen, die er nicht hält. Der Sonne wird er auf irgendeine Weise immer flüchtig und ungreifbar erscheinen, auch wenn der Horoskopvergleich positiv ausfällt.

Sonne Sextil oder Trigon Neptun

Der Machtimpuls harmoniert mit dem spirituellen Impuls. Diese Aspekte entsprechen den günstigen Seiten der Konjunktion. Auch hier besteht eine starke seelische Verbindung. Dieser Aspekt festigt das gegenseitige Vertrauen. Es ist eine starke Anziehung und Sympathie zwischen beiden Partnern vorhanden. In der Freundschaft herrscht Geistesverwandtschaft durch gemeinsame Begeisterung für Musik und Ästhetisches, okkulte oder metaphysische Neigungen.

Sonne Opposition oder Quadrat Neptun

Das Dominanzbedürfnis steht im Widerspruch zu Fluchttendenzen oder spirituellen Impulsen. Neptun wird sich in seinen Reaktionen der Sonne gegenüber als flüchtig, ungreifbar und trügerisch erweisen. Die Sonne fühlt sich von Neptun verwirrt, manchmal auch getäuscht. Es fehlt an Vertrauen zwischen beiden Partnern. Neptun kann die Sonne täuschen, indem er sich unterwürfig gibt, in Wirklichkeit ihrem Einfluß aber immer wieder entschlüpft. Die Probleme oder Situationen, die durch diese gespannten Sonne-Neptun-Aspekte hervorgerufen werden, sind zwar nie so schlimm wie sie scheinen, aber auch nie so gut, wie man sich vormachen möchte. Das Quadrat wirkt hier noch ungünstiger als die Opposition. Diese Aspekte sind in der Ehe sehr schwierig, da sie Mißverständnis, Zweifel, Verwirrung, Mißtrauen, Enttäuschungen und manchmal auch Untreue bei einem oder beiden Partnern bedeuten.

Sonne Konjunktion Pluto

Das Machtstreben verbindet sich hier mit erneuernden oder zerstörenden Impulsen. Es kann zu Autoritätskämp-

fen kommen, vor allem, wenn beide Partner einen starken
Willen haben. Pluto zwingt die Sonne in nahen Verbindungen zu Veränderungen durch äußere Umstände oder gemeinsame Erfahrungen; selbst Persönlichkeitsveränderungen sind möglich. Ob sie zum Guten oder zum Schlechten
geschehen, hängt von anderen Aspekten des Vergleichs ab.
Konflikte entstehen am ehesten, wenn beide verschiedenen
Generationen angehören wie bei Eltern-Kind-Beziehungen, denn hier spielen entgegengesetzte Lebensanschauungen eine entscheidende Rolle.
Pluto kann auf die Sonne einen hypnotischen Einfluß haben, der sich positiv oder negativ, je nach dem Ergebnis
des Gesamtvergleichs, auswirkt. Dieser Aspekt taucht
manchmal auf bei der Anziehung zwischen Menschen aus
sehr unterschiedlichen Kulturen, mit sehr unterschiedli-
chem Bildungshintergrund oder auch zwischen zwei Personen, die verschiedenen Rassen angehören.

Sonne Sextil oder Trigon Pluto

Das Dominanzstreben harmoniert mit dem Reformimpuls.
Hier entsteht keine sehr starke Reaktion. Der Aspekt kann
für einen Austausch von Ideen günstig sein. Er regt Unternehmungsgeist und Ehrgeiz bei beiden Partnern an. Positiv
kann er sich in Geschäftspartnerschaften oder politischen
Verbindungen auswirken, vor allem dann, wenn die Betreffenden sich mit Forschung oder Werbeangelegenheiten
beschäftigen.

Sonne Opposition oder Quadrat Pluto

Der schöpferische Impuls ist im Konflikt mit dem Reform-
streben. In einer engen Beziehung können gespannte Reaktionen auftreten. Pluto widersetzt sich der Autorität der

Sonne und kann eifersüchtig, rebellisch, fordernd, ja rachsüchtig reagieren. Pluto läßt sich von der Sonne nichts
sagen, sondern wird vielmehr versuchen, die Sonne zu
verändern. In der Ehe kann Pluto das Vertrauen der Sonne
untergraben und hat möglicherweise einen unglücklichen
Einfluß auf die Moral und die ethischen Vorstellungen der
Sonne. Selbst bei harmonischen Horoskopen wird Pluto
versuchen, die Sonne zu verändern oder zu reformieren.
Diese Verbindung kann in der Ehe Untreue hervorbrin-
gen. Wenn die temperamentsmäßigen Unterschiede nicht
verstanden und ausgeglichen werden, können die Reaktionen von Sonne und Pluto in diesen Aspekten als ungünstig
beurteilt werden. In Freundschaften bedeuten Opposition
und Quadrat, daß Toleranz und Loyalität gelegentlich auf
die Probe gestellt werden.

MOND

Mond Konjunktion Mond

Weiblicher und häuslicher Impuls verbinden sich miteinander. Es besteht eine Ähnlichkeit der Standpunkte und
der stimmungsmäßigen und anlagemäßigen Grundten-
denz. Die beiden Partner werden gegenseitig auf ihre Stimmungen und Gefühle sensibel reagieren. Oft entsteht tele-
pathischer Gedankenaustausch. Sie stimmen in Kleinigkeiten überein und haben viele Vorlieben, Abneigungen und
Geschmacksrichtungen gemeinsam. Gegenseitiges Verständnis und Sympathie verbindet sie. Es werden viele
ähnliche Charakterzüge zu finden sein. Dieser Aspekt unterstützt die Übereinstimmung, die Anpassungsfähigkeit
und die Kooperationsbereitschaft bei jeder Art von Verbindung.

Mond Sextil oder Trigon Mond

Diese Aspekte helfen, Harmonie zwischen beiden Partnern zu finden. Es sind Sympathie und Übereinstimmung in vielen Kleinigkeiten vorhanden, zudem sehr ähnliche Anlagen. Die Chancen für harmonische Übereinstimmung bei jeder Art von Verbindung werden durch diese Aspekte verstärkt.

Mond Opposition Mond

Die beiden Persönlichkeiten unterscheiden sich in ihren Stimmungen und Gefühlen; es entsteht jedoch selten ein ernsthafter Konflikt. Beide sind von der Anlage her anpassungsfähig, wenn die Horoskope insgesamt miteinander harmonieren. Wie bei der Konjunktion haben beide für die Gefühle und Stimmungen des Partners viel Sensibilität. In der Ehe kann das eine sehr gute Konstellation sein, da sie die Zusammenarbeit der Partner unterstützt und das Geben und Nehmen in den kleinen Alltagsangelegenheiten erleichtert. Im allgemeinen weist die Verbindung auf Harmonie im häuslichen und familiären Leben hin. Sie kann auch als positiver Faktor im Hinblick auf die Sexualbeziehung gewertet werden.

Mond Quadrat Mond

Hier sind Störungen möglich. Es bestehen unterschiedliche Standpunkte und Interessen und ein Mangel an Verständnis oder Geduld mit den Stimmungen und Gefühlen des Partners. Machmal kann sich die Konstellation auch als Nachlässigkeit in Kleinigkeiten ausdrücken. Wenn nicht viele gute Aspekte als Ausgleich vorhanden sind, kann es zwischen den Partnern Mißverständnisse geben. In der Ehe besteht die Tendenz, daß die Frau Kleinigkeiten überbewertet, da sie sich darüber meist eher aufregt als der Mann. Der Aspekt bewirkt keine ernsthaften Spannungen oder Probleme, aber kleine Irritationen, die einer vollkommenen Harmonie und Übereinstimmung entgegenstehen.

Mond Konjunktion, Sextil oder Trigon Merkur

Gefühl und seelische Wahrnehmung verbinden sich mit der Denkweise. Dieser Aspekt zeigt an, daß beide Partner eine rasche Auffassungsgabe für die Ideen und Ansichten des anderen haben. Es besteht gegenseitige Affinität und Wertschätzung für die seelischen Qualitäten des anderen. Dieser Aspekt erleichtert den Gesprächsaustausch und das Verständnis zwischen beiden Personen, die gegenseitig ihre geistige Entwicklung fördern können. Gemeinsame Interessen werden gestärkt. Oft besteht eine telepathische Gedankenverbindung.

Mond Opposition Merkur

Auch dieser Aspekt regt einen interessanten Ideenaustausch an und stimuliert die seelische Wahrnehmung und die geistige Beweglichkeit bei beiden Partnern, jedoch ohne die vollständige Übereinstimmung, die man gewöhnlich bei Konjunktion, Sextil und Trigon zwischen beiden Planeten findet. Oft bestehen gewisse Unterschiede in den Ansichten, aus denen kleine Mißverständnisse oder Verständigungsschwierigkeiten resultieren.

Mond Quadrat Merkur

Der Mond reagiert übersensibel auf die Ideen, Standpunkte und Gefühle von Merkur. Der Mond wird Worte oder Gesten von Merkur manchmal falsch interpretieren. Interessen und Geschmacksneigungen unterscheiden sich geringfügig. Beim Austausch von Gedanken wird es kein vollständiges oder klares Verständnis geben. Der Mond läßt sich manchmal von den vernünftigen Erwägungen Merkurs verwirren. Merkur kann sich irritiert fühlen oder ungeduldig werden, wenn der Mond seine Gedanken nicht sofort versteht oder wenn er ihm in seinen Wahrnehmungen voraus ist. Merkur nimmt beim Ausdrücken seiner Gedanken gegenüber dem Mond oft eine kritische Haltung ein oder verhält sich taktlos. Merkur achtet nicht genug auf die Gefühle und Stimmungen des Mondes oder versteht sie nicht. Es können Mißverständnisse auftreten, die sich zwar leicht irritierend, aber nicht ernsthaft feindselig auswirken. Wenn beide Partner sich wirklich um Harmonie und Kooperation bemühen, können gute Aspekte zwischen Sonne und Mond, Sonne und Merkur oder Mond und Venus helfen, die Mißverständnisse aufzulösen, die dieser Aspekt mit sich bringt.

Mond Konjunktion, Sextil oder Trigon Venus

Die häuslichen Neigungen harmonieren mit dem sozialen Impuls. Dieser Aspekt bedeutet Sinn für Geselligkeit und Geistesverwandtschaft der Partner. Harmonie, Sympathie, gegenseitige Wertschätzung und Hilfsbereitschaft werden durch diese Aspekte stimuliert. Wenn andere Vergleichsaspekte eine wachsende und dauerhafte Bindung möglich erscheinen lassen, wird beide Partner tiefe Zuneigung, Hingabe und eine starke Anziehung verbinden. Persönlichkeiten, in deren Horoskopen einer dieser Aspekte zu finden ist, können sich gegenseitig besänftigen, beruhigen und ermutigen. Sie helfen einander, oft auch in materieller oder finanzieller Weise. Viele gemeinsame Geschmacksrichtungen und Interessen fördern die Kameradschaft und gemeinsame gesellige Freuden. Diese Aspekte können manches dazu beitragen, seelisch-geistige oder persönliche Widersprüche zwischen den beiden Partner, falls sie existieren, zu mildern.

Mond Opposition Venus

Dieser Aspekt ist ebenso günstig wie der vorige. Geht es um Liebe und Ehe, kann man eine fast so starke Anziehung finden wie bei der Mond-Venus-Konjunktion. Die beiden Partner können sich ihre Zuneigung intensiv zeigen. In der Opposition sind vielleicht noch etwas weniger gemeinsame Interessen vorhanden als bei Konjunktion, Sextil oder Trigon.

Mond Quadrat Venus

Dieser Aspekt scheint nicht unlösbar spannungsvoll, aber auch nicht so günstig wie andere Mond-Venus-Aspekte. Das Quadrat kann Eifersüchteleien zwischen den Partnern und in engen Beziehungen kleinere häusliche Reibereien bedeuten. Auch sind Unterschiede des Geschmacks oder der sozialen Neigungen und Liebhabereien möglich. Wenn beide Menschen von aufrichtiger Zuneigung erfüllt sind, wird ihnen die gegenseitige Anpassung nicht schwerfallen.

Mond Konjunktion Mars

Mars stimuliert Geist und Phantasie des Mond-Partners. Er kann starke Emotionen im Mond auslösen. Manchmal reagiert der Mond hypersensibel auf Mars. Mars wird versuchen, den Mond zu dirigieren, zu bestimmen oder sogar zu zwingen. Zwischen Personen verschiedenen Geschlechts kann dieser Aspekt physische Anziehung bewirken. Er ist

einer der Hinweise für starke Anziehung, die zu Liebe und
Ehe führen können, wenn andere Aspekte das ermögli-
chen. Am besten ist es, wenn der Mars des Mannes den
Mond der Frau aspektiert. Diese Konstellation stimuliert
die Fortpflanzungsinstinkte und erleichtert die Empfängnis. Wenn der Mars der Frau mit dem Mond des Mannes zusammentrifft, versucht sie vielleicht, ihn im häuslichen Bereich zu dominieren und ist manchmal ungeduldig, streitsüchtig oder taktlos ihm gegenüber. Möglicherweise wird sie dann auch zu fordernd und neigt zum Nörgeln.

Mond Sextil oder Trigon Mars

Mars stimuliert die Phantasie, neue Ideen und Selbstvertrauen im Mond. In der häuslichen und familiären Umgebung hilft der Aspekt den Partnern, sich kooperativ zu
verhalten und gut zusammenzuarbeiten. In der Ehe wird
die Zeugungs- und Empfängnisfähigkeit gestärkt, wenn der
Mars des Mannes den Mond der Frau aspektiert.

Mond Opposition oder Quadrat Mars

Mars kann für den Mond sehr irritierend wirken und dadurch Gleichgewicht und Stimmung des Mondes beeinträchtigen. Diese Aspekte bedeuten ernsthafte Persönlich-
keitskonflikte. Bei einer Opposition kann, wenn es um
Liebe und Ehe geht, starke Anziehung vorhanden sein,
aber es können ebenso starke gespannte emotionale Reaktionen auftreten. Die Aspekte können auch auf Indiskretionen hinweisen. Wenn der Mars der Frau den Mond des
Mannes aspektiert, wird sie dazu neigen, an ihm herumzunörgeln. Mars wird sich dem Mond gegenüber oft grob
oder heftig verhalten. Der Mond reagiert überempfindlich
auf Mars.

Mond Sextil oder Trigon Jupiter

Hier handelt es sich um ungewöhnlich gute Aspekte. Sie stärken das gegenseitige Vertrauen und den Respekt der Partner voreinander. Jupiter stimuliert die Phantasie, neue Ideen und das Selbstvertrauen im Mond. Jupiter hilft dem Mond und wird sich geduldig, tolerant und großzügig verhalten und den Mond beschützen. Wenn die Verbindung nicht ungetrübt glücklich ist, wird Jupiter dem Mond gegenüber nie lange grollen. Der Mond hat meistens einen Vertrauensvorschuß, wenn er sich an Jupiter wendet. Bei einer Konjunktion ist Jupiter besonders beschützend, großmütig und hilfreich, kann aber auch zu oft dazu neigen, beide Augen zuzudrücken. Der Mond wird im allgemeinen anpassungsfähig sein und sich kameradschaftlich verhalten. In der Ehe stimulieren diese Aspekte die Fruchtbarkeit, vorausgesetzt, Gesundheit und Alter der Frau begünstigen die Empfängnis und das Austragen von Kindern. Wenn Jupiter religiöse oder spirituelle Neigungen hat, kann er auf den Mond eine sehr inspirierende Wirkung haben; er bringt die besten Seiten der Persönlichkeit des Mond-Partners zum Vorschein.

Mond Opposition oder Quadrat Jupiter

Diese Aspekte bedeuten keine grundsätzliche Unvereinbarkeit, sind aber nicht so vollständig positiv wie die vorigen. Der Mond vertraut zu sehr auf die Versprechungen von Jupiter, erwartet zuviel von ihm und beschwört so kleine Enttäuschungen herauf. Der Mond kann zudem versucht sein, die Gutmütigkeit von Jupiter auszunützen und ihn zu überfordern. Jupiter wirkt auf den Mond manchmal überwältigend. Das Quadrat kann in der Ehe religiöse, familiäre oder verwandtschaftliche Probleme andeuten, die zwar nicht ernsthaft sein müssen, aber doch Empfindlichkeiten bewirken.

Mond Konjunktion Saturn

Ob dieser Aspekt sich positiv oder negativ auswirkt, hängt von anderen Vergleichsaspekten ab. Saturn neigt dazu, den Mond zu disziplinieren. Dieser Faktor kann in vielen Fällen stabilisierend wirken, in anderen jedoch wird dieses Saturn-Verhalten sich auf den Mond wie ein schweres Gewicht legen oder ihn einschränken. Saturn kann die Stimmungen und Gefühle von Mond negativ beeinflussen oder ihm gegenüber zu kritisch sein. Die Neigung, sich kühl, indifferent oder zu fordernd zu geben, kann sich beim Saturn-Partner zeigen. Wo Übereinstimmung in den Zielen beider Partner besteht, unterstützt dieser Aspekt die praktische Anwendung von Fähigkeiten, da Saturn dem Mond helfen kann, zu planen und etwas auf die Beine zu stellen; der Mond wird sich dann sehr anpassungsfähig verhalten. Saturn sollte sich bemühen, dem Mond gegenüber nicht zu egoistisch zu sein. Saturn möchte beim Mond Verständnis und Sympathie finden. Wenn der Mond zum Pessimismus neigt, wird sein Saturn-Partner das bei ihm noch verstärken und ihn vielleicht noch mehr entmutigen. Saturn belastet den Mond, bedeutet für ihn Sorgen, Verpflichtungen, Verantwortungen oder das Verstärken von Ängsten.

In der Ehe kann Saturn dem Mond ein Sicherheitsgefühl geben, es sei denn, der Saturn-Partner selbst ist unsicher. Saturn verhält sich dem Mond gegenüber als Beschützer. Dieser Aspekt läßt im allgemeinen Beziehungen sehr verbindlich werden, ob es nun um Freundschaften, geschäftliche Partnerschaften oder eine Ehe geht. Manchmal findet er sich in den Horoskopen zweier Menschen sehr unterschiedlichen Alters.

Mond Sextil oder Trigon Saturn

Saturn festigt den Mond, und der Mond erweitert den geistigen Horizont von Saturn. Die Emotionen des Mond-

Partners werden durch Saturn stabilisiert. Saturn wird sich dem Mond gegenüber verläßlich und treu verhalten. Er kann dem Mond gute Ratschläge geben, da gewöhnlich gegenseitiger Respekt vorhanden ist. Diese Aspekte machen freundschaftliche Kontakte zwischen Menschen sehr unterschiedlichen Alters möglich. Auch in den Horoskopen von Kindern und Eltern können sie als harmonisch betrachtet werden. Saturn lockt aus dem Mond seine konservativen Eigenschaften hervor. Es ist ein guter Aspekt für jede Beziehung zwischen einer Autorität und einer ihr unterlegenen Person, wie beispielsweise bei Diener und Herr, Student und Professor, Angestelltem und Vorgesetztem. Auch für jede geschäftliche Partnerschaft ist er günstig. In der Ehe fördert dieser Aspekt den häuslichen Frieden, Ordnung und Einigkeit im Umgang mit Geld. Eltern mit diesem Aspekt sind sich gewöhnlich einig in der Erziehung ihrer Kinder.

Mond Opposition Saturn

Dieser Aspekt kann eine Schwächung der Sympathie zwischen zwei Menschen mit sich bringen. Saturn diszipliniert den Mond, was der letztere ihm oft verübelt. Saturn kann ungerecht, kritisch, unfreundlich, nachlässig oder egozentrisch im Umgang mit dem Mond sein. Er wird dem Mond eher widersprechen als mit ihm übereinzustimmen. Saturn löst im Mond Sorgen, Entmutigung oder andere negative Einstellungen aus, die dieser manchmal schwer überwinden kann. Saturn kümmert sich nicht um die Stimmungen und Gefühle des Mondes, der mit der Zeit immer sensibler reagiert oder in eine innere Abwehrstellung geht. Zwischen Familienmitgliedern oder in der Ehe kann Saturn dem Mond zuviel Verantwortung auferlegen, ihm die Schuld für Schwierigkeiten zuschieben oder ihn in irgendeiner Weise einschränken.

Saturn verlangt viel Aufmerksamkeit vom Mond und ist

schwer zufriedenzustellen. Das stellt die Geduld des Mond-Partners auf die Probe. Der Mond-Partner wird in dieser Verbindung Geduld und Ausdauer entwickeln lernen müssen. In der Ehe kann es häusliche Schwierigkeiten, finanzielle Uneinigkeiten oder andere Störungen geben, die die Übereinstimmung der Ehepartner mit anderen Familienmitgliedern erschweren.

Mond Quadrat Saturn

Dieser Aspekt ähnelt der Opposition, ist jedoch noch konfliktträchtiger. Saturn entmutigt und frustriert die Bemühungen und die Entwicklung des Mondes, schränkt ihn ein, hemmt ihn und kümmert sich wenig um seine Gefühle. Die Pflichten und Verantwortungen, die Saturn mit sich bringt, entmutigen oder deprimieren den Mond-Partner. Wenn nicht viele gute Aspekte zwischen den beiden Horoskopen vorhanden sind, die diesen Aspekt ausgleichen, werden die Partner einander nicht sehr wohltun. Saturn wird noch am meisten aus der Partnerschaft beziehen. Für die Ehe ist diese Konstellation nicht positiv, vor allem, wenn der Saturn des Mannes den Mond der Frau aspektiert. Wenn der Saturn der Frau den Mond des Mannes aspektiert, wird sie dazu neigen, zuviel an ihm herumzunörgeln, zu kritisch zu sein und Kleinigkeiten überzubewerten. Das kann eine Quelle der Mißverständnisse und der Uneinigkeit sein. Bei diesem Aspekt können Verwandte zu Schwierigkeiten in der Partnerschaft beitragen.

Mond Konjunktion Uranus

Dieser Aspekt regt das gegenseitige Interesse an und ist intellektuell stimulierend. Manchmal erweist sich der unberechenbare Uranus für den Mond als irritierend, vor allem, wenn der Mond Ordnung und Systematik schätzt. Zwischen Menschen verschiedenen Geschlechts kann dieser Aspekt auf eine spontane und magnetische Anziehung hinweisen, die zuweilen einen sehr unkonventionellen Charakter hat. Er regt romantische Empfindungen an; wenn aber nicht viele Aspekte vorhanden sind, die die beiden Partner miteinander verbinden, könnten sie sich zu wankelmütig und launisch gegeneinander verhalten. Der Aspekt bringt Verzauberung und Faszination mit sich, die oft rasch vergehen; wenn die Verbindung jedoch dauerhaft wird, stimuliert er ein neu erwachsenes gegenseitiges Hingezogensein. In der Freundschaft kann er Wechselhaftigkeit und Unzuverlässigkeit bedeuten. Falls andere Aspekte nicht dafürsprechen, ist eine solche Bindung selten dauerhaft. Die Uranus-Eigenschaften können das emotionale Gleichgewicht des Mond-Partners stören, wenn dieser besonders sensibel ist. In der Ehe kann der Aspekt auf häufige Umzüge hinweisen, die den Mond-Partner möglicherweise verstören.

Mond Sextil oder Trigon Uranus

Uranus weckt Ideen im Mond und wirkt inspirierend auf ihn. Die Phantasie des Mondes kann in Uranus Originalität und Vielseitigkeit anregen. Die Beziehung hat immer etwas Ungewöhnliches. Uranus hilft dem Mond und stützt ihn auf ungewöhnliche oder unerwartete Weise.

Mond Opposition oder Quadrat Uranus

Dieser Aspekt kann zwischen beiden Partnern Irritationen bewirken. Uranus verwirrt den Mond dadurch, daß er wechselhaft und unberechenbar erscheint und stört dadurch die Stimmungen und Emotionen des Mondes. Uranus neigt dazu, den Mond mit Nichtachtung zu strafen oder sich ihm gegenüber nachlässig zu verhalten. Die erotische Anziehung, in der dieser Aspekt eine Rolle spielt, kann sich zu einer unkonventionellen oder indiskreten Beziehung entwickeln, wenn beide Betroffene nicht geistig hochstehend sind, um solche Versuchungen überwinden zu können. Uranus regt die Ideen des Mondes an, stellt aber seine Anpassungsfähigkeit auf die Probe. Verbindungen zwischen beiden Partnern dauern möglicherweise nicht sehr lange, es sei denn, andere Vergleichsaspekte weisen auf Dauerhaftigkeit hin. In diesem Fall wird der Mond-Uranus-Aspekt zahlreiche Trennungen, Veränderungen in den häuslichen Angelegenheiten oder viele Umzüge mit sich bringen, die für den Mond nicht immer leicht zu ertragen sind. In der Ehe können individuelle Karriere-Bestrebungen eine Quelle von Spannungen sein, vor allem, wenn der Uranus der Frau den Mond des Mannes aspektiert.

Mond Konjunktion, Sextil oder Trigon Neptun

Dieser Aspekt weist auf eine seelische, manchmal telepathische Verbindung hin. Beide Partner sind für die Stimmungen und Gefühle des anderen ungewöhnlich sensibel. Eine starke Sympathie verbindet sie. Neptun erscheint dem Mond zeitweise etwas reserviert und ungreifbar, vor allem im Fall der Konjunktion. Dieser Aspekt kann starke gegenseitige Inspiration bedeuten und bei hochentwickelten Persönlichkeiten spirituelle Übereinstimmung und gegenseitige Hingabe. Sextil und Trigon wirken nicht ganz so stark wie die Konjunktion, stützen die Übereinstimmung jedoch ebenfalls. Die Partner fühlen sich sehr zueinander hingezogen, sie können einander trösten und stützen. Dieser Aspekt kann bei beiden Partnern das Interesse an Mystik oder okkulten Dingen wecken oder steigern.

Mond Opposition oder Quadrat Neptun

Beide Partner reagieren übersensibel auf die Stimmungen und Gefühle des anderen, verhalten sich deshalb übermäßig emotional, sind zu leicht verstört oder irritieren dadurch den anderen. Neptun kann beim Mond geistige Verwirrung und Konfusion hervorrufen. Manchmal kommen durch ihn Mißverständnisse auf, die nicht geklärt werden können. Neptun erscheint dem Mond immer irgendwie geheimnisvoll, und in manchen Fällen wird der Mond-Partner den Verdacht hegen, daß der Neptun-Partner nicht ganz aufrichtig ist. Bei beiden Partnern können Willensschwäche und eine Neigung zu chaotischen Gewohnheiten einen unglücklichen Einfluß auf die Partnerschaft ausüben. Neptun wird den Mond enttäuschen oder betrüben und ihm einige Sorgen bereiten. Für einen Ehevergleich ist das kein guter Aspekt.

Mond Konjunktion Pluto

Dies kann ein sehr guter oder auch sehr schlechter Aspekt sein, was vom Gesamtzusammenhang abhängt. Pluto erweitert die Ideen und Begriffe des Mondes und regt seine Phantasie an, kann aber auch Ängste oder einen undefinierbaren Widerwillen des Mondes ihm gegenüber auslösen. Pluto ist vereinnahmend und besitzergreifend und neigt manchmal zu Eifersucht. Er versucht möglicherweise den Mond zu beherrschen und etwas in seinem Wesen zu verändern oder zu erneuern. Die Konstellation bewirkt eine starke physische Anziehung zwischen den Geschlechtern.

Mond Sextil oder Trigon Pluto

Die Partner können sich in gewisser Weise gegenseitig guttun. Es ist jedoch kein sehr starker Aspekt. Für ge-

schäftliche, politische oder berufliche Verbindungen kann
er sich positiv auswirken, besonders dann, wenn die Betreffenden sich auf irgendeine Weise gemeinsam mit For-
schungsarbeiten oder Gruppenaktivitäten beschäftigen.

Mond Quadrat oder Opposition Pluto

Pluto zerrt am Mond. Dieser Aspekt wird wohl eher Anti-
pathie als Übereinstimmung mit sich bringen. Pluto wird
sich dem Mond gegenüber sehr konträr verhalten, und sein
Einfluß auf letzteren kann sehr unglücklich sein. In der
Ehe können ernsthafte Mißverständnisse auftreten, die
häusliche und familiäre Störungen mit sich bringen. Auch
sexuelle Probleme sind hier nicht selten.

MERKUR

Merkur-Aspekte mit Sonne und Mond
siehe Seiten 71 f., 86 f.

Merkur Konjunktion Merkur

Das ist ein sehr guter Aspekt zwischen zwei Horoskopen,
da er eine Ähnlichkeit der geistigen Vorstellungen und der
Denkprozesse symbolisiert. Er fördert das gegenseitige
Verständnis und die Übereinstimmung. Zudem ist er auch
dann zu intellektueller Anregung fähig, wenn beide Partner einen unterschiedlichen Bildungshintergrund haben.
Beide werden viel miteinander besprechen und diskutieren
und letztlich prinzipiell übereinstimmen. Beide Partner
können geistig viel voneinander lernen. Dieser Aspekt stimuliert den Austausch auf der Gesprächsebene, der die
Verbindung immer wieder neu belebt.

Merkur Sextil oder Trigon Merkur

Auch dieser Aspekt ist ein Indiz für Harmonie und Übereinstimmung auf der geistigen Ebene. Er ist dem gegenseitigen Verständnis förderlich. Meinungsverschiedenheiten
können leicht geklärt werden, oder die Partner finden ir-
gendwann doch noch zu einer Übereinstimmung. Viele
gemeinsame Interessen sind zu entdecken. Diese Aspekte
fördern die geistige Entwicklung bei beiden Partnern und
regen den gedanklichen und den verbalen Austausch an.
Die beiden können viel miteinander und voneinander lernen.

Merkur Opposition Merkur

Es können unterschiedliche Ansichten vorhanden sein,
aber ein Austausch wird sich letztlich als geistig anregend
erweisen. Die Konstellation wirkt nicht allzu spannungsvoll, es sei denn, Merkur steht in beiden Fällen in fixen
Zeichen, was auf eine gewisse Unbeweglichkeit der Standpunkte hinweist, durch die man schwerer zur Übereinstimmung gelangt.

Merkur Quadrat Merkur

Dieser Aspekt kann Mißverständnisse oder ernsthafte Meinungsunterschiede bewirken. Beide Partner betrachten
einander mit kritischen Augen. Die jeweiligen Interessen
gehen in verschiedene Richtungen, ohne daß es zu einer
starken intellektuellen Anregung oder Ermutigung zwischen ihnen käme. Es ist ein schwieriger Aspekt für die
Ehe, da er der Kameradschaftlichkeit entgegensteht. Dis-
kussionen enden in einer Sackgasse, weil keiner von beiden
in der Lage ist, die Ideen und Urteile des anderen zu
verstehen und zu würdigen. Oft verursacht er eine gewisse

gedankliche Verwirrung als Reaktion auf den Partner und kann zu Streitereien, Mißverständnissen oder einfach mangelndem Verständnis füreinander sowie zu atmosphärischen Spannungen führen, wenn eine enge Beziehung besteht. Wenn beide Merkure in fixen Zeichen stehen, kommt noch eine Dickköpfigkeit hinzu, die Kompromisse nahezu ausschließt.

Merkur Konjunktion, Sextil oder Trigon Venus

Diese Merkur-Venus-Stellungen sind für beide Partner positiv. Sie kehren ihre höchsten Verstandesmöglichkeiten, ihre künstlerischen oder kulturellen Interessen hervor. Viele gemeinsame Liebhabereien und Beschäftigungen festigen die Freundschaft oder andere enge Verbindungen. Der Aspekt ist sehr gut in Ehe- oder Eltern-Kind-Horoskopen. Gegenseitiges Verständnis durch Sympathie und Zuneigung sind hier ziemlich sicher. Merkur versteht die Gefühle von Venus und achtet sie. Die Partner ermutigen sich gegenseitig in ihren Fähigkeiten und Begabungen. In der Ehe unterstützt diese Konstellation zudem die Zusammenarbeit in finanziellen Angelegenheiten.

Merkur Opposition oder Quadrat Venus

Diese Aspekte sind nicht ernsthaft konfliktträchtig, aber auch nicht so vollständig harmonisch und für beide wohltuend wie die vorangegangenen. Es kann bei einem Quadrat manchmal kleinere Irritationen geben, vor allem in einer engen Verbindung. Merkur neigt hier dazu, die emotionalen Bedürfnisse oder Einstellungen von Venus zu mißachten und erscheint ihr manchmal kalt oder berechnend.

Merkur Konjunktion Mars

Mars regt bei Merkur die geistige Wachheit, neue Ideen und Ausdrucksmöglichkeiten an, verursacht aber manchmal auch kleine Störungen, vor allem, wenn der Mars-Partner dazu neigt, halsstarrig, ungeduldig oder streitsüchtig zu sein. Die Neigung des Merkur-Partners, sich alles gründlich zu überlegen, irritiert den Mars-Partner, den es nach ungestümem Handeln drängt. Dieser Aspekt kann in gewisser Hinsicht günstig sein, wenn er auch manchmal Ärgerlichkeiten aufkommen läßt; wenn die Horoskope jedoch Persönlichkeiten zeigen, die anpassungsfähig und beweglich sind, kann dieser Merkur-Mars-Aspekt belebend wirken. Er bringt die geistigen Fähigkeiten von Merkur in Schwung.

Merkur Sextil oder Trigon Mars

Dieser Aspekt hat all die belebenden und geistig stimulierenden Eigenschaften der Konjunktion, ohne daß die Gefahr der Irritation bestünde. Er verspricht für jede Art von Verbindung gemeinsame Interessen, gegenseitiges Unterstützen und Ermutigen. Mars inspiriert die Ausdrucksmöglichkeiten und regt die Lernfähigkeit von Merkur an. Merkur wiederum ermutigt Mars in seinen Unternehmungen und kann ihm oft zu seinem Vorteil raten, wie er seine Energie am besten einsetzt.

Merkur Opposition oder Quadrat Mars

Hier besteht ein Konflikt zwischen der Zielstrebigkeit und dem Aggressionsgeist von Mars und der merkureigenen Neigung zum Abwägen. Diese Aspekte können Mißverständnisse, Streitereien und ernsthafte Spannungen zwischen beiden Partnern bedeuten. Es wird für beide nicht leicht sein, an einem Strang zu ziehen. Das Quadrat ist hierbei der spannungsvollste Aspekt. Die typischen Mars-eigenschaften erscheinen Merkur irritierend und störend, wenn auch sein Denken durch ihn angeregt werden kann. Wenn Merkur jedoch nicht sehr beherrscht ist, bringt Mars ihn dazu, hochmütig und manchmal taktlos zu sein.

Merkur Konjunktion, Sextil oder Trigon Jupiter

Der Aspekt wirkt auf beide Partner anregend. Die optimistischen, ambitiösen Eigenschaften Jupiters inspirieren den Merkur-Partner und wecken in ihm die Sehnsucht nach geistiger Weiterentwicklung. Es besteht eine gute Konstellation zur Zusammenarbeit, wenn es um schöpferischen Selbstausdruck geht. Der Aspekt wirkt harmonisch in Partnerschaften, auch zwischen Eltern und Kind, Lehrer und Student, im Geschäftsleben oder in der Ehe. Die merkur-eigene Vernünftigkeit bringt die Ideale und die hochstrebenden Ziele von Jupiter auf den Boden der Tatsachen. Jupiter weckt in Merkur seine intellektuellen, moralischen, spirituellen und ethischen Eigenschaften und Fähigkeiten. Jupiter ist tolerant gegenüber den Ideen von Merkur und wird Merkur beschützen, anregen und sein Interesse an Weiterbildung fördern. Beide sind einander wohlgesonnen und wecken beim Gegenüber Esprit und Humor.

Merkur Opposition oder Quadrat Jupiter

Dieser Aspekt ähnelt dem vorigen, ist aber nicht ganz so positiv in der Auswirkung. Merkur zieht den größeren Nutzen aus der Verbindung. Jupiter verspricht möglicherweise mehr, als er zu halten in der Lage ist. Es kann im ethischen oder moralischen Bereich Meinungsverschiedenheiten geben, die sich in einer nahen Beziehung vielleicht

störend auswirken. In den Augen des Jupiter-Partners wird
Merkur oft kleinlich wirken. Die Interessen beider Partner
können nicht immer in Übereinstimmung sein. Wenn andere Aspekte im Vergleich auf Verträglichkeit hinweisen,
ist hier allerdings kein ernsthafter Konflikt gegeben.

Merkur Konjunktion Saturn

Saturn wirkt sich auf Merkur viel stärker aus als Merkur
auf Saturn. Der Merkur-Partner kann viel vom Saturn-
Partner lernen, vorausgesetzt, daß letzterer älter oder er-
fahrener ist und Wissen und Weisheit zu geben hat. Saturn
kann sich gegenüber den Ideen, Überlegungen, Urteilen
oder geistigen Fähigkeiten von Merkur entmutigend, ge-
ringschätzig oder zu kritisch erweisen. Saturn kann in Merkur das Gefühl auslösen, auf irgendeine Weise »nicht in
Ordnung« zu sein. Er wird Merkur an seine Versprechen
binden und ihn den Druck der Verantwortung spüren lassen, die in ihrer Beziehung besteht. Saturn kann den Drang
von Merkur, zu lernen, sich weiterzubilden und auszudrük-
ken, hemmen oder, falls er ihn unterstützt, sehr kritisch
sein und die Fortschritte von Merkur genauestens beobach-
ten. Saturn wird die Neigung haben, zeitweise herumzunörgeln. Merkur kann Saturn ermutigen und ihm über
seine negative Einstellung und Besorgtheit hinweghelfen
und ihn zudem zu Fortschrittlichkeit ermutigen. Wenn der
Merkur-Partner der ältere ist, wird er viele Fragen des
Saturn-Partners beantworten müssen. Saturn kann Merkur
gegenüber auf die eine oder andere Weise nachtragend
sein.

Merkur Sextil oder Trigon Saturn

Saturn stabilisiert die geistigen Fähigkeiten von Merkur
und regt ihn eher an, als ihn zu kritisieren.

Merkur weiß das Wissen und die Erfahrung von Saturn zu schätzen und wird ihn zu neuen Ideen anregen. Es ist ein besonders günstiger Aspekt in Horoskopen von Lehrern und Schülern, Vorgesetzten und Angestellten, Eltern und Kindern oder bei Geschäftsbeziehungen.

Merkur Opposition oder Quadrat Saturn

Saturn ist in dieser Beziehung sehr kritisch und fordernd, mißgünstig, entmutigend und kann leicht gegenüber den geistigen Errungenschaften und Ideen von Merkur als harter Kritiker auftreten oder sie schmälern. Saturn kann Merkur zudem auf die eine oder andere Weise Sorgen oder Einschränkungen auferlegen, er wird das Selbstvertrauen von Merkur schwächen und Groll in ihm aufkommen lassen, wenn Merkur nicht in der Lage ist, sich selbst geistig in Schutz zu nehmen. Bei jeder Verbindung, bei der dieser Aspekt auftaucht, wird es schwer zu einer Kooperation kommen, es sei denn, viele gute Aspekte höben seine Wirkung wieder auf. Viele der Ziele, die Merkur sich setzt, können nur sehr zögernd verwirklicht werden, weil Saturn ihm oft Hindernisse in den Weg legt. Merkur wird Saturn oft beunruhigen und ihm nachlässig erscheinen. Saturn kann für Merkur eine Herausforderung bedeuten, die dessen geistiges Wachstum fördert.

Merkur Konjunktion, Sextil oder Trigon Uranus

Uranus regt Merkur geistig an, weckt ihn auf und inspiriert ihn zu neuen Ideen. Merkur kann aus dieser Verbindung viel lernen. Er hilft Uranus, originelle Einfälle konkret zu verwirklichen. Zwischen Partnern, die einen dieser Aspekte im Vergleich haben, besteht auch die Möglichkeit einer starken intuitiven Verbindung. Sie haben viel Freude

aneinander, vor allem, wenn sie Ideen austauschen und das
Gespräch pflegen. Uranus kann die Interessen Merkurs im
Bereich des Okkulten oder Spirituellen stimulieren. Es ist
eine gute Beziehung zwischen Astrologe und Klient.

Merkur Opposition oder Quadrat Uranus

Uranus regt Merkur an, kann ihm aber auch irritierend und
unruhestiftend erscheinen. Merkur ist vielleicht nicht bereit, die Ideen von Uranus zu akzeptieren. Letzterer erscheint Merkur unberechenbar und sprunghaft. Merkur
wiederum ist in den Augen von Uranus schwer greifbar und
oberflächlich. Diese Aspekte können geistige Verwirrung
zwischen zwei Menschen bewirken. Es ist für sie schwer, zu
Verständnis füreinander und Anpassung aneinander zu gelangen. Sie werden leicht ungeduldig miteinander. Viel
hängt vom allgemeinen Temperament der beiden Persönlichkeiten ab; meistens jedoch verursachen diese Aspekte
beträchtliche Spannungen, vor allem, wenn es sich um eine
sehr enge Beziehung handelt. Bei der Opposition können
die Umstände viele Trennungen und eine gewisse Unstetig-
keit der Verbindung bewirken. Beim Quadrat werden
leicht Uneinigkeiten über kleinere Dinge entstehen, die
irritierend wirken. Merkur hat es schwer, Uranus zu verstehen und sich auf ihn zu verlassen. Er kann deshalb nervös
werden und sich leicht in Aufregung versetzen lassen. Bei
diesen gespannten Aspekten ist es sogar oft so, daß Uranus
das Nervensystem von Merkur negativ beeinflußt, wenn es
sich um eine dauerhafte, enge Verbindung handelt.

Merkur Sextil oder Trigon Neptun

Neptun regt Merkur zu neuen, höheren Ideen an. Gemeinsame Interessen können gefunden werden, da in vielen

Fällen eine starke seelische Bindung zwischen den Partnern besteht. Diese Aspekte fördern das Verständnis auf der geistigen Ebene und die telepathische Kommunikation. Merkur kann Neptun oft praktische Ausdrucksmöglichkeiten für dessen Intuitionen und Phantasievorstellungen und für seinen Drang nach Hilfsbereitschaft vorschlagen.

Merkur Konjunktion Neptun

Dieser Aspekt ähnelt dem vorhergehenden, wobei es aber in manchen Fällen sein kann, daß Neptun Merkur verwirrt oder ihm zu ungreifbar und trügerisch erscheint. Es hängt viel von anderen Aspekten in den Horoskopen ab, ob diese Konstellation sich für beide positiv auswirkt, oder ob sie Mißverständnisse und Störungen mit sich bringt. Oft besteht eine starke telepathische Verbindung zwischen den Partnern. Neptun kann einen unterschwellig negativen Einfluß auf Merkur haben, wenn ersterer zu Zerstreuung und Auflösung neigt und der Merkur-Partner schwach und leicht beeinflußbar ist.

Merkur Opposition oder Quadrat Neptun

Es gibt Mißverständnisse und oft sogar Enttäuschungen auf seiten des Neptun-Partners. Er hat vielleicht Geheimnisse, die er Merkur nicht mitteilt. In gewisser Weise wird Betrug verübt; die beiden Partner belügen einander oder sind sich untreu. Merkur versteht viele Probleme, die in der Verbindung mit Neptun auftreten können, nicht oder interpretiert sie falsch. Neptun erscheint Merkur oft ungreifbar oder kühl. Merkur fühlt sich zu Neptun mehr hingezogen als umgekehrt. In geschäftlichen Angelegenheiten könnten der Neptun-Partner oder sogar beide zu Betrügereien neigen.

Merkur in allen Aspekten zu Pluto

Die Erfahrungen, die beide Partner miteinander machen, sind für Merkur geistig anregend und können auf beider Leben verändernd einwirken. Bei viel persönlichem Kontakt werden Ansichten gelockert und Interessen erweitert, vor allem beim Merkur-Partner. Ob die Verbindung Harmonie bewirkt oder das spirituelle, geistige oder materielle Wohl der Betreffenden fördert, hängt von anderen Faktoren im Horoskopvergleich ab. Der Einfluß von Pluto auf Merkur ist stärker als der von Merkur auf Pluto. Pluto kann dazu neigen, Merkur geistig zu beherrschen und dabei sogar rücksichtslos vorgehen.

VENUS

Aspekte zwischen Venus und Sonne, Mond bzw. Merkur
siehe Seiten 72 f., 87 f., 99

Venus Konjunktion, Sextil oder Trigon Venus

Es gibt viele gemeinsame Interessen und Neigungen und ähnliche Einstellungen in der Liebe, der Freundschaft, im sozialen Leben und im Erleben von Zuneigung. In der Konjunktion können beide Partner ihre Zuneigung auf die gleiche Weise ausdrücken. Diese Aspekte steigern die geistige Verwandtschaft, Kameradschaft, gemeinsamen Sinn für Geselligkeit, gegenseitige Wertschätzung, den Wunsch, einander zu helfen, und die Fähigkeit, sich über die gleichen Dinge zu freuen. Beide haben viel Mitgefühl miteinander und werden sich immer ermutigen. Diese Aspekte sind günstig für jede Art von Horoskopvergleich und können viel dazu beitragen, Reibungen zu lindern, die durch negative Aspekte erzeugt werden.

Venus Opposition oder Quadrat Venus

Hier sind kleinere Unverträglichkeiten möglich, die aber nicht zu ernsthaften Konflikten führen, es sei denn, viele negative Aspekte finden sich zwischen beiden Horoskopen. Diese Venus-Aspekte sind ein Indiz für kleine Geschmacksunterschiede und Differenzen hinsichtlich des Moralgefühls, der Einstellung gegenüber dem sozialen Leben, der Schönheit und kulturellen Dingen. Die Zuneigung wird zwischen den beiden Partnern nicht auf gleiche Weise zum Ausdruck gebracht, weshalb die Konstellation für die Ehe nicht ganz einfach ist. Es kann Meinungsunterschiede geben über den Umgang mit ökonomischen Angelegenheiten und Schwierigkeiten, im finanziellen Bereich zu Übereinstimmung zu kommen.

Venus Konjunktion Mars

Die Wunsch- und Triebnatur von Mars stimuliert die Liebesnatur von Venus. Dieser Aspekt bedeutet eine starke Anziehung zwischen den Geschlechtern. Es kommen heftige Emotionen ins Spiel. Mars neigt manchmal dazu, besitzergreifend, eifersüchtig oder ungeduldig dem Partner gegenüber zu sein. Venus hat auf ihn eine beruhigende Wirkung. Ein guter Aspekt für Liebe und Ehe, wenn andere Aspekte ihn stützen. Zwischen Verliebten und vor der Ehe kann die Versuchung zu Indiskretionen bestehen.

Venus Sextil oder Trigon Mars

Der Aspekt ist ähnlich wie die Konjunktion, aber ohne die Neigung zu emotionalen Exzessen, Eifersucht oder Ungeduld und daher ein sehr günstiger Aspekt in den Horoskopen von Ehepartnern.

Venus Opposition oder Quadrat Mars

Dieser Aspekt gleicht der Konjunktion, bringt jedoch mehr störende emotionale Reaktionen mit sich. Venus empfindet Mars als zu ungeduldig. Manchmal verweigert sich einer der Partner dem anderen, und die Anziehung wird nicht von beiden gleichermaßen empfunden. Zuviel Emotionalität in der Beziehung kann zu Spannungen und Streitereien führen, wenn man eng zusammenlebt. In der Liebe und in der Ehe wird Eifersucht oft eine ungute Rolle spielen. Wenn nicht viele harmonische Aspekte diese Kombination ausgleichen, wird es beträchtliche Spannungen oder Konflikte in Liebes- oder Ehebeziehungen geben. Bei manchen Menschen kann es zu Untreue des einen oder beider Partner kommen.

Venus Konjunktion, Sextil, Trigon oder Opposition Jupiter

All diese Aspekte sprechen für gegenseitige Hilfsbereitschaft und gemeinsames Wohlergehen. Die Partner haben dieselben Interessen, was Freizeitbeschäftigungen oder kulturelle Dinge anbelangt. Der Aspekt stimuliert Optimismus, Selbstvertrauen und Gesundheit bei beiden Beteiligten. Die Beziehung ist von gegenseitiger Wertschätzung, Sympathie und Ermutigung geprägt. Beide können durch sie künstlerische, ethische oder spirituelle Fähigkeiten entwickeln. Die Partner gehen rücksichtsvoll miteinander um. Manchmal können durch Konjunktion oder Opposition extravagante Neigungen bei einem oder bei beiden Partnern ausgelebt werden, oftmals auch eine Neigung zu Verschwendung oder Nachlässigkeit; zuweilen wird zuviel Gewicht auf Höflichkeitsformen, äußere Erscheinung, Kleidung und materiellen Besitz gelegt.

Venus Quadrat Jupiter

Hier bestehen geschmackliche Unterschiede. Die beiden Partner können Taktgefühl, Höflichkeit und gute Sitten so übertreiben, daß dadurch Irritationen entstehen. Der Aspekt ist nicht wirklich negativ, bringt aber einige Disharmonie mit sich. Die Betreffenden sind nicht wirklich aufrichtig und offen miteinander. Es kann zudem zu Meinungsunterschieden im Umgang mit finanziellen Dingen kommen.

Venus Konjunktion Saturn

Saturn stabilisiert das Gefühlsleben von Venus, kann aber selbstsüchtig oder eifersüchtig ihr gegenüber sein. Venus kann das Vertrauen Saturns durch Sympathie und Zuneigung gewinnen. Dieser Aspekt fördert die Loyalität, wobei Saturn sich jedoch hüten sollte, zuviel von Venus zu erwarten. In der Liebe und Ehe kann der Saturn-Partner die Zuneigung von Venus sehr kühl aufnehmen, wenn nicht andere Aspekte sehr warmherzige Reaktionen auf beiden Seiten unterstreichen. Saturn verleiht der Ehe Dauerhaftigkeit; er hat viel Verantwortungsgefühl gegenüber Venus, ist aber manchmal übermäßig besorgt um ihr Wohlergehen. Saturn wird oft kritisch sein. Wenn diese Haltung zur Gewohnheit wird, fühlt sich Venus gekränkt. Kann er seine Kritik nicht ausdrücken, leidet Saturn stumm. Es ist ein guter Aspekt zur Untermauerung finanzieller Stabilität, wenn Venus Saturn aufmerksam beobachtet, und wenn es beiden gelingt, zusammenzuarbeiten. Saturn lebt von den Zeichen der Zuneigung, die Venus zu geben hat, und kann in den Reaktionen auf sie zu intensiv und fordernd sein. Der Venus-Partner fühlt sich möglicherweise durch Saturn deprimiert oder eingeschränkt. Dieser Aspekt fördert die Loyalität und die gegenseitige Zuverlässigkeit in Liebe und Ehe. Und wenn andere günstige Aspekte hinzukommen, kann er sich sehr positiv auswirken. Es ist eine Konstellation, die Dauerhaftigkeit verleiht.

Venus Sextil oder Trigon Saturn

Diese Aspekte ähneln der Konjunktion, ohne daß sie ihre negativen Seiten zeigen und ohne daß die fordernden und besitzergreifenden Neigungen Saturns die Beziehung belasten.

Venus Opposition oder Quadrat Saturn

Der Venus-Partner wird durch diesen Aspekt viele unglückliche Erfahrungen machen müssen. Saturn kann sich als fordernd, einschränkend, selbstsüchtig, verurteilend, nachtragend, kritisch, mißgünstig und eifersüchtig erweisen und den Venus-Partner vielleicht sogar ablehnen. Es wird dem Venus-Partner schwerfallen, Saturn seine Zuneigung zu zeigen; wenn er es tut, gibt er sich oft, von einer gewissen Angst erfüllt, nur den Anschein. Der Aspekt erscheint ungünstig in den Horoskopen von Eltern und Kind, vor allem dann, wenn ein Elternteil der Saturn-Partner ist. In jeder engen Verbindung wird Saturn Venus Sorgen und Belastungen bringen, und letztere wird gewöhnlich versuchen, auf irgendeine Weise zu entrinnen. In der Liebe oder Ehe wird der Venus-Partner gewöhnlich unglücklich sein und sich dominiert oder frustriert fühlen. Viele ökonomische Probleme können auftreten. Saturn neigt dazu, Venus zuviel Verantwortung aufzuladen; oft macht er Venus verantwortlich für Sorgen, die beiden gemeinsam auferlegt sind.

Venus Konjunktion Uranus

Dies ist ein sehr anregender Aspekt. Er kann die künstlerische Entwicklung fördern, wenn einer der beiden Partner schöpferisches Talent hat. Er stimuliert vor allem bei Venus kreative Fähigkeiten und originelle Ideen. Viele soziale Interessen fördern die Kameradschaftlichkeit zwischen beiden. Uranus hat gegenüber Venus altruistische Gefühle, ist tolerant und ermutigend. Zwischen Menschen verschiedenen Geschlechts werden durch diesen Aspekt Gefühle geweckt. Es ist eine sehr starke Anziehung vorhanden. Meist steht am Anfang eine heftige Verliebtheit. Die Verbindung hat etwas Ungewöhnliches oder Unkonventionelles. Wenn jedoch nicht viele andere Vergleichsaspekte Loyalität und Standhaftigkeit anzeigen, kann das Ganze zu einer kurzlebigen Romanze oder einer sprunghaften und unberechenbaren Beziehung werden. Wenn eine Ehe daraus entsteht, werden Faszination und Verliebtheit weiter das tragende Gefühl sein, woraus eine wirklich verläßliche Partnerschaft und Glück für beide entstehen kann.

Venus Sextil oder Trigon Uranus

Auch dieser Aspekt regt bei beiden den schöpferischen Ausdruck an und fördert gemeinsame soziale Interessen, Geselligkeit und ein Gefühl der Verliebtheit. Die beiden Partner können sich auf vielerlei Weise inspirieren. Der Aspekt ist in jeder Art von Verbindung günstig.

Venus Opposition oder Quadrat Uranus

Diese beiden Aspekte sind zwar anregend, aber Uranus gibt Venus nicht das Gefühl der Sicherheit. Er wirkt auf sie unberechenbar und nicht sehr verläßlich. Auch wenn eine verliebte Anziehung aufregend und interessant ist, kann sie sich als Enttäuschung oder sogar Unglück entpuppen, vor allem im Fall des Quadrates. Die beiden Partner können sich unbeständig gegeneinander verhalten, und keiner hat das Gefühl, sich auf den anderen verlassen zu können. Es werden plötzliche Gefühlsumschwünge, Enttäuschungen bei beiden Partnern und Trennungen auftreten. Wenn nicht gute Aspekte zum Ausgleich vorhanden sind, ist diese Konstellation für die Ehe nicht empfehlenswert.

Venus Konjunktion Neptun

Diese Konstellation fördert die gemeinsamen Interessen im Bereich der Kultur, vor allem der Musik, des Dramas, Tanzes, der Dichtung und der Malerei. Eine gemeinsame Naturliebe wird beide stark verbinden. Die beiden Partner empfinden viel Sympathie füreinander, und in vielen Fällen unterstützt dieser Aspekt das Verständnis und kann tiefe Zuneigung und Hingabe entstehen lassen. Neptun wird sich Venus gegenüber mitleidvoll und opferbereit verhalten, manchmal aber auch schwer greifbar und vielleicht nicht immer ganz ehrlich sein. Viel hängt von anderen Aspekten ab, wenn man beurteilen will, ob dieser Aspekt sich ausschließlich positiv auswirkt. Neptun neigt dazu, Venus zu locken oder zu verzaubern. Wenn einer der Partner oder beide dazu neigen, den eigenen Schwächen nachzugeben, wird dieser Aspekt solche Neigungen noch fördern. Zwischen zwei Menschen verschiedenen Geschlechts ist der gegenseitigen Anziehung immer ein Hauch von Mitleid beigemengt. Mitleid ähnelt der Liebe zwar, ist aber nicht immer ein glücklicher Anfang für eine wirkliche gegenseitige Hingabe. Liebesgeschichten unter diesem Aspekt haben immer etwas Romantisches. Manchmal bringt diese Planetenkonstellation illegale Verbindungen hervor. Der Venus-Partner darf die praktischen Lebensfragen nicht aus den Augen verlieren, wenn eine Ehe in Betracht gezogen wird. Dieser Aspekt kann dazu beitragen, daß eine ideale Ehe entsteht – er kann aber auch Desillusionierung mit sich bringen und Verbindungen, die sich für die Betreffenden als zerrüttend erweisen. Das hängt weitgehend davon ab, wie reif und verantwortungsvoll beide Persönlichkeiten sind. Wenn andere Aspekte große Dauerhaftigkeit versprechen, kann Venus Konjunktion Neptun als vielversprechend betrachtet werden.

Venus Sextil oder Trigon Neptun

Hier sind gegenseitige Sympathie, Großzügigkeit, Freundlichkeit, Behutsamkeit und eine stille Zuneigung und Hingabe vorhanden. Viele gemeinsame Interessen werden angeregt, vor allem im Bereich von Malerei, Musik, Tanz, Drama, Dichtung und Fotografie. Okkulte Interessen und die Liebe zur Natur, die vielleicht in beiden Partnern verborgen waren, kommen dadurch zum Vorschein; vielleicht sind sie sogar gerade ein Grund für die gegenseitige Anziehung.

Venus Opposition oder Quadrat Neptun

Es kann Zuneigung zwischen beiden Partnern bestehen, manchmal aber auch nur ein einseitiges Hingezogensein. Es wird zwar viel Sympathie und Mitgefühl erweckt, zugleich aber auch ein gewisses Maß an Verwirrung, Täuschung, ja, ein Sich-entziehen des einen Partners oder beider droht. Venus sollte darauf achten, daß Neptun auch zu allem steht, was er über sich sagt, bevor sie sich auf eine engere Bindung einläßt. Für geschäftliche oder finanzielle Unternehmungen ist dies ein ungünstiger Aspekt, da es zu Mißverständnissen, Täuschungen oder Betrug kommen kann. Gewöhnlich schneidet dabei der Venus-Partner schlechter ab, auch wenn beide integre Persönlichkeiten sind. Neptun kann in dieser Konstellation auf das Gefühlsleben von Venus verstörend wirken, er wird irreführen oder betrügen, locken oder verwirren, selbst wenn er die ehrenhaftesten Absichten hegt. In Freundschaften wird sich Neptun immer irgendwie als flüchtig, trügerisch oder unverläßlich oder auch einfach unkameradschaftlich erweisen. Einer oder beide sind unaufrichtig. Manchmal lösen sich Verbindungen unter diesem Aspekt einfach allmählich auf, anstatt durch ein konkretes Verhalten oder eine bestimmte Ursache zu zerbrechen. In Ehen kann es bei einem oder beiden Partnern zu Untreue kommen.

Venus Konjunktion, Sextil oder Trigon Pluto

Der Pluto-Partner neigt dazu, dem Venus-Partner gegenüber fordernd, eifersüchtig oder zu besitzergreifend zu sein. Das Sextil und das Trigon sind nicht ungünstig. Im ökonomischen oder sozialen Bereich können durch die Verbindung beide Partner gewinnen. Bei der Konjunktion kann es zu einer Neuordnung von Werten kommen. In einer engen Beziehung wie der Ehe oder einer geschäftlichen Partnerschaft können Schwierigkeiten im finanziellen Bereich zu Feindseligkeit, Mißverständnissen oder Übervorteilung führen, wobei Venus auf jeden Fall schlechter abschneiden wird. In einer Liebesbeziehung könnte Pluto Venus in gewisser Weise erniedrigen, sei es durch eine gewisse Vulgarität oder durch seine sexuellen Forderungen. Andere Aspekte müssen in Betracht gezogen werden, um festzustellen, ob die Venus-Pluto-Konjunktion für die Moral beider Partner nur eine leise oder eine ernsthafte Gefahr darstellt.

Venus Quadrat oder Opposition Pluto

Diese Aspekte sind im allgemeinen negativ, vor allem das
Quadrat. Pluto wird sich Venus gegenüber auf seine Weise
eifersüchtig, besitzergreifend, fordernd oder bestimmend
verhalten. Die Verbindung kann das Gefühlsleben von Venus durcheinanderbringen. Bei Liebesgeschichten oder in
der Ehe weist dieser Aspekt auf Anpassungsprobleme,
manchmal im sexuellen Bereich, hin. Wenn die beiden
Partner nicht auf einer hohen spirituellen Ebene stehen,
könnte einer auf den anderen einen demoralisierenden
Einfluß haben. Die moralische Integrität von Venus leidet
möglicherweise. Diese Aspekte sind manchmal ein Hinweis auf Unterschiede in den Interessen im sozialen und
Freizeitbereich, durch die Unstimmigkeit zwischen den
Partnern entstehen kann. Manchmal weist der Aspekt auf
eine unerwiderte Verliebtheit hin. Die Opposition erzwingt
bei einem oder beiden Partnern eine Neuorientierung der
Werte.

MARS

Mars-Aspekte zu Sonne, Mond, Merkur und Venus
siehe Seiten 73 f., 88 f., 100 f., 107 f.

Mars Konjunktion Mars

Hier ist eine ähnliche Energiequalität vorhanden; oft gleichen sich die Wünsche und Bestrebungen beider Partner
oder sind leicht in Übereinstimmung zu bringen. Die Aktivität und Handlungsweise beider Partner wird sehr ähnlich
sein. Wenn die Horoskope eine anlagemäßige Harmonie
zeigen, kann dieser Aspekt sehr gut sein; im anderen Fall
werden durch ihn Irritationen, Ungeduld, Ärger oder Ri-

valität auftauchen, da beide Partner immer die Initiative ergreifen wollen. Es ist ein guter Aspekt, wenn beide zur Kooperation bereit sind.

Mars Sextil oder Trigon Mars

Übereinstimmung in den Bestrebungen, in der energetischen Anlage und in der Verhaltensweise. Die beiden Partner können sinnvoll zusammenarbeiten. Sie regen sich gegenseitig zu Mut und Ehrgeiz an. Diese Aspekte fördern in der Ehe die sexuelle Übereinstimmung und sind sehr gut für geschäftliche Verbindungen.

Mars Opposition oder Quadrat Mars

Es besteht hier ein gewisser Konflikt zwischen dem Willen und den Bestrebungen der beiden Partner, der sehr subtil sein kann, wenn er nicht offen zum Ausdruck kommt. Beide Partner haben manchmal die Neigung, die Arbeit des anderen zu durchkreuzen oder zu verhindern. Können die Unterschiede nicht ausgeglichen werden, so entstehen Streitereien. Natürlich hängt sehr viel von anderen Aspekten ab. Beim Quadrat gibt es gewöhnlich gewisse Spannungen oder Feindseligkeiten; wenn beide Partner ihre Emotionen nicht beherrschen können, wird es bis zur Rachsucht gehen. Diese Mars-Aspekte kehren nicht unbedingt die besten Anlagen beider Betroffenen hervor, so daß sie viel Selbstkontrolle brauchen, um damit zurechtzukommen. Es sind sehr schwierige Aspekte für eine enge Verbindung, wenn nicht viel gegenseitige Toleranz vorhanden ist, die sich an anderen Planetenkonstellationen ablesen läßt. In der Ehe können Opposition oder Quadrat Spannungen erzeugen, da die Triebe und Wünsche der Partner auseinandergehen; sind sie jedoch in Übereinstimmung, werden nicht unbedingt immer beide zur gleichen Zeit das gleiche wollen. Bei geschäftlichen Partnerschaften oder Arbeitsgemeinschaften wird es zu Differenzen über arbeitstechnische Methoden kommen. Es ist schwer, zu einer Kooperation zu gelangen. Meist kommt sie nur zustande, indem sich der eine dem anderen unterordnet, wobei bei dem unterlegenen Partner verhaltener Groll entstehen wird.

Mars Konjunktion, Sextil oder Trigon Jupiter

Diese Aspekte regen bei beiden Partnern Wunschziele und Ehrgeiz an. Sie ergänzen einander, da sie sich zu einer gewissen Angriffs- und Handlungslust anstacheln. Die Aspekte unterstützen den Wunsch beider, den Partner beim Erwerben von Wohlstand zu unterstützen. Im Fall der Konjunktion kann aber auch die Neigung zu Extravaganz oder zu unklugen Spekulationen bei einem oder beiden entstehen. Ein Partner wird den Mut des anderen heben, in vielen Fällen ermutigen sich beide sogar gegenseitig. Diese Aspekte fördern Optimismus, Ehrgeiz und den Wunsch nach Erweiterung. Sie sind vor allem in den Horoskopen von Geschäfts- oder Ehepartnern sehr günstig. In manchen Fällen werden gemeinsame Interessen im Bereich von Sport, Natur und Freizeitbeschäftigung (vor allem im Freien) die Freundschaft festigen und die Gemeinsamkeit stärken.

Mars Opposition oder Quadrat Jupiter

Diese Aspekte schaffen eher Zwietracht als Harmonie. Der Ehrgeiz der Partner läßt sich nicht vor einen Wagen spannen. Es kommt vermutlich zu Rivalität zwischen ihnen, oder ein Partner wird den anderen zu etwas anspornen, was der wiederum gar nicht für vernünftig hält. In manchen Fällen können Meinungsverschiedenheiten über ethische und moralische Dinge auftreten. Es besteht die Neigung zur Ungeduld und dazu, den Partner zu überfordern. Manchmal verspricht der eine mehr, als er erfüllen kann. In geschäftlichen Angelegenheiten können die Betreffenden zu riskanten Unternehmungen hingerissen werden. Vom ökonomischen Standpunkt aus sind sowohl beim Ehe- als auch beim Geschäftspartnervergleich diese Aspekte ungünstig. Sie müssen durch viele gute Aspekte stabilisiert werden, wenn die Verbindung für beide Betroffene förderlich sein soll. Beide müssen das Urteil des anderen achten und sich um sorgfältige Planung und Regelung ihrer Angelegenheiten kümmern, da die ökonomische Sicherheit sonst durch die Beziehung in Frage gestellt ist. Diese Aspekte können bei einem oder beiden Partnern die Neigung zu Extravaganz, zu Verschwendungssucht und zu Waghalsigkeit fördern.

Mars Konjunktion Saturn

Dieser Aspekt wird in vielen Fällen günstig sein, was jedoch auch von den anderen Konstellationen im Horoskopvergleich abhängt. Mars regt bei Saturn den Ehrgeiz und den Drang vorwärtszukommen an. Saturn zügelt mit seiner Vorsicht den Mars-Partner, wenn dieser dazu neigt, zu rasch und impulsiv zu handeln, ohne sich die Dinge vorher gründlich überlegt oder sie vorbereitet zu haben. Wenn die besten Seiten dieser beiden Planeten in der Verbindung zum Ausdruck kommen, fördert dieser Aspekt die Zusammenarbeit und das Streben nach einem gemeinsamen Ziel. Er ist sehr gut für geschäftliche Partnerschaften, bei denen es um materiellen Profit geht. Saturn wirkt sich auf jeden Planeten, mit dem er in Konjunktion steht, so aus, daß er ihm eine Lektion erteilt oder seiner persönlichen Ausdrucksweise die Zügel anlegt. In diesem Fall schränkt Saturn die Aktivitäten von Mars auf gewisse Weise ein, wobei der letztere viele persönliche Ziele und Projekte zeitweise oder manchmal sogar für immer aufgeben muß, zumindest solange die Verbindung dauert. Mars kann den vorsichtigen, praktischen Saturn irritieren, da er immer über das Ziel hinauszuschießen pflegt und sich kaum bezähmen kann, wenn er warten muß. Saturn erlegt Mars viel Verantwortung auf, und wenn Mars dem gewachsen ist, fördert er dessen Entwicklungsstreben und Unternehmungslust. Die Verbindung kann für Mars eine Herausforderung sein, weiterzukommen und Erfolg zu haben. Mars stimuliert bei Saturn das Selbstvertrauen und hilft ihm so, sich nicht zu leicht entmutigen zu lassen und mehr Sicherheit zu bekommen. Mars hilft immer, wenn Not am Mann ist, und trägt dazu bei, daß Saturn viele seiner Probleme lösen kann. Mars muß oft auf den langsameren Saturn warten, was seine Geduld auf die Probe stellt oder ihn zeitweise auch mit Besorgnis erfüllt. In der Ehe ist dieser Aspekt ein Pluspunkt für die Dauerhaftigkeit. Saturn hat immer etwas Bindendes.

In einer Eltern-Kind-Beziehung ist dieser Aspekt schwierig, vor allem, wenn der Saturn von Vater oder Mutter mit dem Mars des Kindes zusammentrifft. Saturn kann übermäßig streng und kritisch sein und stellt oft nicht das Bedürfnis des Kindes in Rechnung, aktiv zu sein und durch Fehler zu lernen. Saturn wird dann die Zügel zu straff halten und dem Kind zu harte Strafen auferlegen. Auch besteht die Möglichkeit, daß Saturn um die Sicherheit von Mars zu sehr besorgt ist. Wenn der Mars der Eltern mit dem Saturn des Kindes zusammenfällt, wird die Ungeduld mit dem Kind, das in gewisser Weise zu langsam reagiert, vorherrschen, wodurch es geheimen Groll hegen oder sich sogar vor den Eltern fürchten kann. Viel hängt natürlich von anderen Aspekten ab. Wenn Liebe und Zuneigung da sind, können diese Schwierigkeiten gelöst werden und sich zuletzt zum Guten des Kindes auswirken.

Mars Sextil oder Trigon Saturn

Mut, Ehrgeiz und die physische Energie von Mars verbinden sich positiv mit der Vorsicht, Behutsamkeit und Gründlichkeit von Saturn. Diese Aspekte sind für das Erreichen praktischer Ziele bei gemeinsamer Bemühung günstig. Bei allen Arten von Partnerschaften lassen sich gemeinsame Pläne bestens verwirklichen.

Mars Opposition Saturn

Die Vorsicht des Saturn-Partners steht im Widerspruch zur Energie und Initiative des Mars-Partners oder versucht sie zu unterdrücken. Mars wird zeitweise rebellisch und wehrt sich gegen Saturn. Dem Instinkt Saturns, immer auf Nummer Sicher gehen zu wollen, kann der Unternehmungsgeist, der Wagemut und die Impulsivität des Mars zuwiderlaufen. In manchen Fällen können die Saturn-Eigenschaften jedoch ein guter Ausgleich für den himmelstürmenden Mars sein. Die Konstellation wird sich positiv auswirken, wenn im Vergleich viele gute Aspekte zu finden sind und andere Planetenkombinationen darauf hinweisen, daß beide Partner gut zusammenarbeiten können. Stehen die spannungsvollen Aspekte jedoch im Vordergrund, wird diese Saturn-Mars-Opposition einen weiteren grellen Ton in das Bild einfügen.

Mars Quadrat Saturn

Saturn frustriert Mars, macht ihn ungeduldig, ärgerlich und löst Widerstand in ihm aus. Saturn fühlt sich in seinen konstruktiven Ideen und Bemühungen von Mars irritiert und in seinem Sicherheitsgefühl gestört. Dieser Aspekt bereitet viele Anpassungsprobleme. Der Saturn-Partner wird sich dem Ehrgeiz und Unternehmungsgeist des Mars-Partners gegenüber kritisch verhalten. Zwar kann die Vorsicht und der konservative Saturn-Instinkt den Mars-Partner manchmal von Wagemutigkeiten oder Verlusten abhalten, was Mars aber erst im nachhinein zu schätzen wissen wird. In der Ehe ist es am besten, wenn der Saturn der Frau den Mars des Mannes aspektiert; umgekehrt wäre es weniger günstig. Viel hängt von anderen Aspekten ab, ob diese Konstellation für beide tragbar ist. Der Aspekt intensiviert jede Spannung und Feindseligkeit, die an anderen gespannten Aspekten ablesbar ist.

Mars Konjunktion Uranus

Dieser Aspekt kehrt bei beiden die Aggressivität und den Unabhängigkeitssinn hervor, was zu beträchtlichen Spannungen führen kann, wenn der Ehrgeiz beider sich nicht vor einen Wagen spannen läßt. Für beide Partner wird es schwierig sein, zu dauerhafter Harmonie zu gelangen und wirklich zusammenzuarbeiten. Der eine wird den anderen früher oder später immer wieder irritieren; wieviel, hängt von anderen Aspekten ab. Wenn die Partner allerdings auf dem Gebiet von Wissenschaft, Erfindung oder Mechanik tätig sind, kann dieser Aspekt sich als anregend erweisen; im allgemeinen jedoch wird er bei beiden Aggressionen und Widerstand hochkommen lassen. Keiner kann sich vollständig auf den anderen verlassen. Wenn es sich um eine enge Bindung wie die Ehe, eine Eltern-Kind-Beziehung oder eine andere familiäre Bindung handelt, kann diese Mars-Uranus-Konjunktion das Nervensystem des einen oder beider Partner beeinträchtigen, da emotionale Reaktionen an der Tagesordnung sind. Bei Liebesverhältnissen werden immer wieder emotionale Ausbrüche und Unsicherheiten eine Rolle spielen. In der Ehe kann es viel Unruhe geben. Der Aspekt wirkt sich nicht gerade positiv auf das Sicherheitsgefühl und die Verläßlichkeit der Partner aus. Bei einer engen Beziehung führt dieser Aspekt nicht zur Wahrhaftigkeit, es sei denn, eine Vielzahl harmonischer Aspekte sind im Vergleich zu finden und die beiden Partner haben sich auf spiritueller Ebene weit entwickelt oder gelernt, ihre Emotionen und Launen zu beherrschen.

Mars Sextil oder Trigon Uranus

Diese Aspekte regen Originalität, schöpferische Fähigkeiten, Erfindungsgeist, Unabhängigkeit, Unternehmungssinn und Abenteuerlust auf produktive und progressive Weise an. Jeder der Partner weckt Vertrauen und Initiative im anderen. Beide werden viel von der Verbindung haben.

Mars Quadrat oder Opposition Uranus

Hier wird der Wille beider Partner aufeinanderprallen. Es fällt den beiden schwer, an einem Strang zu ziehen. Mars mißfällt die Unabhängigkeit und die altruistische oder unpersönliche Seite von Uranus. Er kann sich nicht in allen Situationen auf Uranus verlassen. Die Partner wirken irritierend aufeinander, was manchmal bei einem oder beiden negative Auswirkungen auf das Nervensystem haben kann. Wenn nicht beide Partner sehr tolerant und geduldig miteinander umgehen, sind diese Aspekte für eine Ehe unglücklich. Es kann zur Scheidung kommen, vor allem, wenn die Partner versuchen, die eheliche Partnerschaft zu einer geschäftlichen werden zu lassen. Die Verbindung wird jedoch eine Chance haben, wenn beide gelegentlich oder regelmäßig für einige Zeit getrennt leben.

Mars Konjunktion Neptun

Ob dieser Aspekt sich günstig auswirkt, hängt von anderen Aspekten ab. Mars ruft bei Neptun die emotionalen Qualitäten hervor. Neptun kann Mars inspirieren und ihm helfen, seine Triebnatur zu sublimieren. Er ermutigt Mars dazu, sich höhere Ziele zu stecken. Hinsichtlich gemeinsamer künstlerischer, gestalterischer oder musikalischer Interessen hat dieser Aspekt eine schöpferische Wirkung. Bei einem gespannten Horoskopvergleich wird Mars Neptun verwirren und seine Phantasie überstimulieren; Neptun wird den Mut von Mars untergraben. Viel Emotion und Mühe wird verschwendet. Neptun wird sich Mars gegenüber in irgendeiner Weise als trügerisch oder ungreifbar erweisen. In der Ehe ist dieser Aspekt nicht sehr gut, vor allem, wenn der Mars des Mannes den Neptun der Frau aspektiert. Mars ruft Ängste und Befürchtungen hervor. Wenn der Neptun-Partner zögert, wird der Mars-Einfluß ihn irritieren, ihn aber auch zu mehr Handlungswilligkeit anregen. In einer länger dauernden Verbindung wird der Neptun-Einfluß allmählich triumphieren und mit der Zeit Mars immer mehr von seiner Zeit und Initiative rauben. Es ist ein ungünstiger Aspekt, wenn einer oder beide Partner gewohnheitsgemäße Schwächen, wie z. B. Alkoholsucht, hat.

Mars Sextil oder Trigon Neptun

Der Einfluß Neptuns in der Konstellation mit den verschiedensten Planeten ist eher subtil und emotional als objektiv. Hier können sich die Initiative von Mars und der Idealismus, die Opferbereitschaft und die seelische Wahrnehmungsfähigkeit von Neptun auf schöpferische Weise verbinden. Neptun kann Mars inspirieren oder ihn besänftigen, wenn Gefühle aufgewühlt werden. Mars wiederum kann Neptun helfen, gegen seine Trägheit oder Schwäche anzugehen. Die Verbindung wird sich als besonders positiv erweisen, wenn gemeinsame Interessen für parapsychologische Phänomene, Mystik, Astrologie oder auch Forschergeist auf wissenschaftlichem, industriellem oder politischem Gebiet vorhanden sind.

Mars Opposition oder Quadrat Neptun

Diese Aspekte verursachen emotionale Störungen bei einem oder beiden Partnern. Mars ist abrupt und ungeduldig; Neptun reagiert auf seine Aggressivität mit Ausflüchten oder sogar Betrug. Die Verbindung von Direktheit (Mars) und Gleichgültigkeit (Neptun) schafft bei diesen Kombinationen eher Irritationen und Mißverständnisse als Harmonie. Wenn Neptun hoch erregbar ist, kann Mars ihn leicht aus dem Gleichgewicht bringen oder sogar seine Gesundheit gefährden. Der Aspekt kann auch Verschwendungssucht, Extravaganz oder Ausschweifungen mit sich bringen. Horoskope mit dieser Konstellation müssen sorgfältig analysiert werden, um den möglicherweise demoralisierenden Einfluß der Partner aufeinander auszuschließen.

Mars Sextil oder Trigon Pluto

Diese Aspekte stärken die gemeinsamen Interessen und die Aussichten für weitgreifende gemeinsame Aktivitäten. Sie sind gut, wenn beide Partner sich für Forschung, Ingenieurwesen, Mechanik, industrielle Fragen, Arbeiterprobleme, Politik oder öffentliche Angelegenheiten interessieren. Die beiden Persönlichkeiten können gegenseitig positiv auf ihre Willenskraft einwirken. Sehr gut sind sie für geschäftliche Verbindungen, da durch diese Aspekte der Fortschritt unterstützt wird.

Mars Konjunktion, Opposition oder Quadrat Pluto

Jeder strebt in eine andere Richtung. Sobald einer der beiden Partner Autorität zeigt, wird beim anderen Widerstand ausgelöst. Kleinere Irritationen sind selbst dann unvermeidbar, wenn beide Horoskope vorwiegend harmonisch aussehen. Sind sie stark gespannt, können heftige Reaktionen der Partner zueinander auftreten. Jeder legt dem anderen Steine in den Weg, ja, man verhält sich sogar rachsüchtig gegeneinander. In der Ehe weist dieser Aspekt auf Probleme in der sexuellen Übereinstimmung hin; die Konjunktion kann sogar sexuelle Perversionen bewirken, wenn einer der beiden Partner Neigungen in dieser Richtung hat.

JUPITER

Jupiter-Aspekte mit Sonne, Mond, Merkur, Venus und
Mars siehe Seiten 75 f., 90, 101 f., 108 f., 117 f.

Jupiter Konjunktion, Sextil oder Trigon Jupiter

Diese Aspekte sprechen für Ähnlichkeit, oft sogar vollständige Übereinstimmung der Ideale, ethischen Vorstellungen und religiösen oder spirituellen Ideen. Jeder Partner wird aus dem anderen das Beste hervorlocken und seinen Optimismus, sein Selbstvertrauen, seinen Humor stärken, und beide können einander auf vielerlei Weise wohltun oder beschützen. Kameradschaftlichkeit, gemeinsame Interessen und gegenseitige Wertschätzung werden groß geschrieben. Beide sehen gewöhnlich im anderen die besten Eigenschaften und wissen sie zu schätzen. Jede dieser drei Verbindungen ist ein guter Aspekt in Ehe- oder Familienhoroskopen. Die Betreffenden sind tolerant, gehen behutsam miteinander um und sind immer bereit, sich zu vergeben.

Jupiter Opposition oder Quadrat Jupiter

Hier kann es zu Differenzen bei den Zielen, den religiösen
Idealen, den Moralvorstellungen, der ethischen Einstellung und den grundlegenden spirituellen Neigungen der
beiden Partner kommen. Möglicherweise differieren die
Vorstellungen von Gerechtigkeit und Loyalität. Beim Quadrat können Unterschiede im Glauben Mißverständnisse
erzeugen, vor allem, wenn einer der Partner zu Fanatismus
neigt. Auch unterschiedliche Auffassungen vom moralischen Verhalten in geschäftlichen oder anderen Angelegenheiten können zu Meinungsverschiedenheiten oder An-
passungsunfähigkeiten führen. Gewöhnlich sind Opposition und Quadrat zwischen Jupiter und Jupiter nicht allzu
problematisch, es sei denn, der Horoskopvergleich ist insgesamt außerordentlich negativ. In diesem Fall werden die
anderen Konflikte nur noch verstärkt.

Jupiter Konjunktion, Sextil oder Trigon Saturn

Dies sind für die meisten Beziehungen, besonders für geschäftliche, günstige Aspekte. Die Vorsicht und der konservative Sinn von Saturn lassen sich gut mit dem Expan-
sionsdrang und Optimismus von Jupiter vereinen, um Ver-
nünftiges auf die Beine zu stellen. Die beiden Partner
können einander mit Rat und Tat zur Seite stehen. Bei der
Konjunktion wird der Saturn-Partner sich hüten müssen,
zu kritisch oder vorsichtig zu sein, da er sonst Gefahr läuft,
dem für Jupiter typischen Enthusiasmus immer wieder
Dämpfer aufzusetzen. Wenn der Jupiter-Partner dazu
neigt, zu vertrauensvoll oder übermütig zu sein, wird der
Saturn-Einfluß sich für ihn als vorteilhaft, keinesfalls aber
als nachteilig erweisen.

Jupiter Opposition oder Quadrat Saturn

Saturn verzögert die Bestrebungen Jupiters, leistet ihnen
Widerstand und legt ihnen Steine in den Weg. Wo einer
dieser Aspekte zu finden ist, kann es Uneinigkeiten über
den Umgang mit finanziellen oder geschäftlichen Dingen
geben. Saturn kritisiert Jupiter, schränkt ihn ein oder erlegt
ihm zuviel Verantwortung auf. Jupiter fühlt sich in seiner
Expansivität beschränkt und frustriert. Der Jupiter-Partner
wird viele seiner hochfliegenden Ziele oder Möglichkeiten
aufgeben müssen, wenn er eine Beziehung eingeht, bei der
einer dieser Aspekte auftaucht. Saturn kann manchmal
ungerecht sein oder erscheinen, sich selbstsüchtig und fordernd verhalten und sogar das Vertrauen Jupiters untergraben. Wenn der Jupiter-Partner einen starken Glauben oder
spirituelle Überzeugungen hat, werden ihm die Erfahrungen, die er mit dem Saturn-Partner hat, Prüfungen auferlegen. In manchen Fällen werden Ernüchterungen durch Saturn den Glauben Jupiters stärken, doch dem müssen
starke innere Kämpfe vorausgehen.

Jupiter Konjunktion, Sextil oder Trigon Uranus

Wo einer dieser Aspekte zu finden ist, werden bei beiden
Persönlichkeiten die menschlichen Qualitäten geweckt.
Beide Partner werden einander Freiheit und Individualität
lassen. Sie können bei ihrem Gegenüber die Entwicklung
von Talenten ermutigen und sich gegenseitig ermuntern,
ihre Ideale und die altruistische Einstellung auf vielerlei
Weise auszudrücken. Sie inspirieren einander auf vielen
Ebenen. Neue Ideen und schöpferische Vorhaben werden
ebenso angeregt, wie gemeinsame Freizeitbeschäftigungen
genossen werden. Die Konjunktion erfordert eine gewisse
Aufmerksamkeit, da hier die Tendenz besteht, Vertrauens-
seligkeit, Übermut und Spiellust, die vielleicht bei einem
der Partner schlummern, wachzurufen.

Jupiter Opposition oder Quadrat Uranus

Diese Aspekte können radikale Ansichten und Unterschiede in den sozialen oder religiösen Vorstellungen zum Ausdruck bringen. Bei beiden Partnern werden möglicherweise extravagantes Verhalten, Leichtsinn oder die Neigung, alle Verantwortung abzuschütteln, eine Rolle spielen. Beim Quadrat werden die Bestrebungen und Ideale Jupiters in Konflikt mit der unpersönlichen Haltung und den individualistischen Ideen von Uranus treten. Uranus wird Jupiter rebellisch, unbeständig oder unzuverlässig erscheinen. Er wird Jupiter bei seinen Plänen Steine in den Weg legen und seine Geduld auf die Probe stellen.

Jupiter Konjunktion, Sextil oder Trigon Neptun

Beide Partner stärken einander gegenseitig ihren Idealismus, ihre spirituellen oder religiösen Neigungen und ihren Wunsch zu helfen. Oft besteht eine starke seelische oder telepathische Verbindung. Beide Planeten sind expansiv und können so auch Bemühungen um die Verwirklichung materieller Ziele unterstützen. Im Fall von geschäftlichen Verbindungen ist dieser Aspekt günstig für das Erwerben von Reichtum, wenn die Horoskope harmonisch sind und Dauerhaftigkeit verheißen. Die Konjunktion ist ein guter Aspekt in Horoskopen spirituell hochentwickelter und disziplinierter Persönlichkeiten, nicht so gut jedoch, wenn die Betreffenden schwach sind und schädliche Angewohnheiten haben. In solchen Fällen nämlich kann der Aspekt die Nachlässigkeiten und Formlosigkeit noch verstärken.

Jupiter Opposition oder Quadrat Neptun

Hier besteht die Tendenz, daß die unpraktischen Eigenschaften oder die Neigung zur Verantwortungslosigkeit bei einem oder sogar beiden Partnern zum Vorschein kommen. Der Neptun-Partner kann versucht sein, Jupiter zu täuschen oder zu hintergehen. Wo einer dieser Aspekte zu finden ist, wird immer auf irgendeine Weise das Vertrauen des Jupiter-Partners in den Neptun-Partner auf die Probe gestellt werden. Neptun wird sich oft als derjenige erweisen, der schwer zu greifen ist, was Jupiter vergrämt, da er lieber vertraut als mißtraut. Dieser Aspekt sollte in geschäftlichen Beziehungen oder in der Ehe gemieden werden, es sei denn, viele gute andere Aspekte versprechen ein starkes gegenseitiges Vertrauen. Wo die Horoskope eine Vielzahl von Punkten aufweisen, die für beide förderlich sind, kann diese Jupiter-Neptun-Konstellation auch nur ein Hinweis auf kleinere Irritationen sein, die aus unterschiedlichen religiösen oder spirituellen Idealvorstellungen entstehen.

Jupiter Sextil oder Trigon Pluto

Der Aspekt ermuntert die gemeinsamen philanthropischen Interessen und Bemühungen, die Charakterentwicklung und fördert die spirituelle Reife beider Partner. Zudem wird materielles Wachstum unterstützt. Der Aspekt deutet auf breitgefächerte Interessen, eine Erweiterung der Ausdrucksmöglichkeiten und allgemeine Fortschritte hin.

Jupiter Opposition oder Quadrat Pluto

Mißverständnisse können entstehen durch konträre Ideale und Bestrebungen, wobei es für beide schwer ist, an einem Strang zu ziehen. Die Aspekte bedeuten auch für den Jupiter-Partner eine spirituelle Gefährdung.

Jupiter Konjunktion Pluto

Dieser Aspekt kann sich sehr unterschiedlich auswirken, was von anderen Konstellationen im Horoskopvergleich abhängt. Der Pluto-Partner mag besitzergreifend und dominierend sein, Jupiter wird Pluto jedoch meist inspirieren und ermutigen. Der Aspekt kommt dem Pluto-Partner mehr zugute als dem Jupiter-Partner. Manchmal weist er auf finanziellen Erfolg im geschäftlichen Bereich, in der Ehe und bei politischen Verbündeten hin.

SATURN

Saturn-Aspekt mit Sonne, Mond, Merkur, Venus, Mars
und Jupiter
siehe Seiten 76 ff., 91 ff., 102 f., 109 f., 118 ff., 126 f.

Saturn Konjunktion Saturn

Es werden ähnliche Haltungen in bezug auf Sicherheit und Ehrgeiz vorhanden sein. Die Partner ergänzen einander im Sicherheitsdenken. Sie haben möglicherweise ähnliche Probleme, Verantwortungen und Einschränkungen. In harmonischen Horoskopen hilft dieser Aspekt, beim Erreichen eines Zieles gemeinsam an einem Strang zu ziehen. Den Partnern werden dabei aber auch ähnliche Schwierigkeiten begegnen, und da sie Pflichten und Verantwortungen gegenüber verwandt reagieren, kann ihr Umgang mit gemeinsamen Problemen zu einseitig werden, wodurch das gemeinsame Weiterkommen behindert wird. Die Reaktion der Partner aufeinander wird jede Tendenz zu Furchtsamkeit oder einen Mangel an Selbstvertrauen verstärken. Wenn nicht sehr viele Aspekte zu finden sind, die Hoffnung, Optimismus und Aktivität stimulieren und diesen

Aspekt ausgleichen, kann man sich gegenseitig die Kraft rauben.

Saturn Sextil oder Trigon Saturn

Beide Partner können in allem, ob es nun um Beruf, Verantwortung oder den Umgang mit Sicherheitsproblemen geht, gut zusammenarbeiten. Dies kann ein sehr günstiger Aspekt für die Ehe und geschäftliche Partnerschaften, aber auch für alle anderen Bindungen sein. Eine ähnliche Einstellung der persönlichen Verantwortung gegenüber hilft beiden Betroffenen, zu Übereinstimmung zu kommen und bei der Einlösung von Verpflichtungen zu kooperieren. Gewöhnlich haben beide ein gemeinsames Ziel vor Augen.

Saturn Opposition oder Quadrat Saturn

Hier besteht ein Konflikt im Umgang mit Verantwortung und Sicherheit. Wenn nicht sehr starke Aspekte als Gegengewicht vorhanden sind, kann diese Konstellation dazu beitragen, daß beide Partner einander entmutigen, einschränken oder frustrieren oder daß einer den anderen negativ beeinflußt. Manchmal führt das zu gegenseitigem Mißtrauen. Es könnte sogar die Gesundheit eines oder beider Partner beeinträchtigt werden. Diese Aspekte sind entmutigend, entvitalisierend und schaffen ernsthafte Anpassungsprobleme. In der Ehe kann es vorkommen, daß beide Lasten, Probleme oder Verpflichtungen mit sich bringen, die der Harmonie, der Einheit, der finanziellen Sicherheit und dem Glück der Verbindung entgegenstehen. Familiäre Schwierigkeiten oder Probleme mit Eltern können der Begegnung beider Steine in den Weg legen. Wenn die Partner nach der Eheschließung hohe Schulden machen, werden ihre Sorgen dadurch stark vermehrt und Erfolg und ökonomischer Wohlstand nur äußerst schwer erreichbar.

Saturn Konjunktion Uranus

Die Vorsicht und Überlegtheit von Saturn kann Uranus helfen, seine genialen Einfälle praktisch und konstruktiv umzusetzen. Der Uranus-Partner wird Saturn möglicherweise in seinen materiellen Ambitionen anfeuern. Die visionäre Kraft von Uranus kann Saturn zudem davor hüten, sich zu sehr in seinen Ängsten zu verlieren. Uranus regt Saturn zu mehr Fortschrittlichkeit und Anpassungsfähigkeit an. Die Vorsicht und das Bedürfnis nach festen Strukturen wiederum, die Saturn eigen sind, tragen dazu bei, daß der uranische Drang nach Unabhängigkeit nicht zu bloßer Instabilität und Verantwortungslosigkeit entartet.

Das Alte und das Neue, was Saturn und Uranus symbolisieren, können sich vorteilhaft verbinden. Saturn muß jedoch flexibel bleiben, und Uranus muß auch Verantwortung übernehmen, wenn dieser Aspekt sich zum Segen für beide auswirken soll. Die Konstellation wird auch gut sein bei den verschiedensten Arten von Geschäftspartnerschaften, in denen schöpferische Fähigkeiten, Erfindungsgeist und typische saturnalische und uranische Eigenschaften eine Rolle spielen. In der Ehe werden beide sehr viel Geduld brauchen. Freiheit (Uranus) und Bindung (Saturn) sind einander widersprechende Instinkte, die nur da in Harmonie zu bringen sind, wo ein hohes Maß an Verständnis, Liebe und Respekt vorhanden ist.

Saturn Sextil oder Trigon Uranus

Diese Aspekte unterstützen Fleiß und Strebsamkeit beider Partner. Neue Ideen (Uranus) können sich mit Erfahrung und Vorsicht (Saturn) verbinden, wodurch das Erreichen gemeinsamer Ziele erleichtert wird.

Saturn Opposition oder Quadrat Uranus

Uranus wird Saturn anregen, kann aber auf die Pläne und Bemühungen des letzteren auch eine desorganisierende Wirkung haben. Saturn sehnt sich nach Solidarität; Uranus wünscht die Veränderung. Dem Saturn-Partner erscheint der Uranus-Partner unverläßlich, schwankend und sprunghaft, und die Langsamkeit und Vorsicht Saturns werden Uranus Verdruß bereiten. Opposition wie Quadrat sind für die meisten Verbindungen Aspekte, die eher Widersprüche schaffen. Das Quadrat bewirkt hierbei die ernsthaftesten Spannungen, es entstehen Irritationen und Frustrationen, und ein Partner wird es dem anderen schwermachen, sich in die Gegebenheiten zu fügen.

Saturn wird das Vorwärtsdrängen von Uranus behindern oder seine Freiheit einschränken, wenn letzterer sich in seiner eigenen Weise ausdrücken möchte. Uranus wird oft gegen die Hindernisse rebellieren, die Saturn ihm in den Weg legt. Aber die Schwierigkeiten, die diesen beiden Partnern begegnen, sind zugleich eine Gelegenheit für ihre spirituelle Weiterentwicklung.

Saturn Konjunktion Neptun

Saturn diszipliniert Neptun und legt seinen Gefühlen und seiner Phantasie Schranken auf. Neptun kann den Ehrgeiz von Saturn auf eine geistigere Ebene heben. Es ist in den meisten Fällen eine harmlose Konstellation; man kann aber nicht behaupten, sie sei besonders förderlich. In vielen Fällen schafft sie auch Zweifel, Mißverständnisse und Enttäuschungen zwischen den Partnern. Für Beziehungen, bei denen es um finanzielle Transaktionen geht, ist sie als eher zweifelhaft zu bewerten. Saturn erlegt Neptun Verantwortung auf, die letzterer am liebsten abschütteln würde.

Saturn Sextil oder Trigon Neptun

Der Neptun-Partner kann hier auf den Saturn-Partner inspirierend wirken, während Saturn Neptun Stabilität gibt. Es ist ein harmonischer, aber nicht allzu schwerwiegender Aspekt.

Saturn Opposition oder Quadrat Neptun

Neptun wird distanziert oder ungreifbar wirken. Saturn schränkt ein und setzt immerzu Grenzen. Diese Aspekte können bei einem oder beiden Partnern Mißverständnisse oder Enttäuschungen hervorrufen. Saturn wird dem Neptun-Partner selbstsüchtig und dominierend erscheinen, während Saturn Neptun als tatenlosen Tagträumer ansieht. Neptun wird, um die Harmonie der Verbindung zu erhalten, die meisten Zugeständnisse machen müssen. Der Aspekt ist ungünstig für finanzielle Angelegenheiten, zwischen Partnern oder für Verbindungen im Bereich von Politik und Verwaltung.

Saturn Sextil oder Trigon Pluto

Diese Aspekte unterstützen das gemeinsame Planen und bestärken beide Partner in ihren weitgespannten Unternehmungen. Sie stimulieren die Fähigkeit, aus der Erfahrung Nutzen zu ziehen. Die Aspekte sind für die Menschen, die sich mit Forschung, mit Experimenten, industriellen Fragen, Regierungsgeschäften, Politik, Bankwesen, Architektur und Bergwerkswesen beschäftigen und die mit der Entdeckung und Weiterentwicklung natürlicher Ressourcen oder der Durchführung von Gesetzen beschäftigt sind. In Horoskopen von Ehepartnern oder Menschen, die vor allem emotional miteinander verbunden sind, hat dieser Aspekt kein allzu großes Gewicht.

Saturn Konjunktion, Opposition oder Quadrat Pluto

Pluto ist der Verwandler und Reformer und fordert Saturn heraus, seine Einstellung zur Verantwortung im Leben zu überprüfen. Wenn die Mehrzahl der Aspekte im Vergleich harmonisch ist, wird eine eher gespannte Saturn-Pluto-Verbindung nur geringfügige Schwierigkeiten mit sich bringen. Sind sehr viele negative Aspekte vorhanden, weist solch eine Konstellation auf gegenseitigen Groll, ja Haß und Rachsucht hin. Es ist ein besonders schwieriger Aspekt in den Horoskopen von Vater und Kind oder Mutter und Kind.

URANUS

Uranus-Aspekte zu Sonne, Mond, Merkur, Venus, Mars, Jupiter und Saturn
siehe Seiten 79 ff., 93 ff., 103 f., 111 f., 121 f., 127 f., 132 f.

Uranus Konjunktion Uranus

Wenn der Uranus beider Partner im gleichen Zeichen steht, bedeutet das, daß beide Partner innerhalb von sieben Jahren, manchmal sogar im gleichen Jahr geboren sind, oder daß sie vierundachtzig Jahre auseinander sind. Im letzteren Fall ist es zweifelhaft, ob die Betreffenden überhaupt einen Einfluß aufeinander haben können. Im besten Fall bedeutet Uranus im gleichen Zeichen gegenseitige Wertschätzung. Der ältere Partner hat wahrscheinlich viel Verständnis für den Drang des jüngeren nach Selbstausdruck und Unabhängigkeit. Im gleichen Zeitraum geborene Personen reagieren wahrscheinlich auf ähnliche Weise auf neue Erfindungen und Entwicklungen im Bereich von Wissenschaft, Technik und Erziehung oder Änderungen im

Regierungssystem. Sie haben möglicherweise ähnliche Interessen im Bereich der Metaphysik oder was die Neigung zum Besonderen und Ungewöhnlichen anbelangt.

Uranus Sextil oder Trigon Uranus

Hier findet man Übereinstimmung im Bereich von Wissenschaft, neuen Erfindungen und Veränderungen, die sich gesellschaftlich auswirken. Die Partner haben Verständnis für ihre Ideale. Sie können viele gemeinsame Interessen, vor allem im Bereich der Metaphysik oder der schöpferischen Tätigkeit haben oder auch über viel Erfindungsgeist verfügen.

Uranus Quadrat Uranus

Beim Quadrat wird ein Altersunterschied von sechzehn bis einundzwanzig Jahren zwischen zwei Partnern bestehen. Die Konstellation findet sich oft in den Horoskopen von Eltern und Kindern. Manchmal ist sie einfach ein Hinweis auf verschiedene Standpunkte hinsichtlich gesellschaftlicher Strömungen und Veränderungen, die der Zeit entsprechen. Vermutlich bewirkt sie keine Spannungen, bevor der Jüngere ungefähr achtzehn oder neunzehn Jahre alt ist.

Uranus Opposition Uranus

Hier bestehen siebenunddreißig bis zweiundvierzig Jahre Unterschied zwischen den Betreffenden. Dieser Aspekt weist, wie das Quadrat, einfach auf unterschiedliche Lebensanschauungen hin, die auf den Zeitgeist zurückzuführen sind oder, bei dem älteren Partner, auf früheren Erfahrungen beruhen. Ein älterer Mensch, der Verständnis für die Jugend bewahrt und Geduld mit ihr hat, kann den

Altersunterschied überbrücken, so daß dieser Aspekt keine zu große Bedeutung hat. Sind die Horoskope jedoch nicht in Harmonie miteinander, werden sowohl Opposition wie Quadrat von Uranus zu Uranus die Feindseligkeit noch steigern und möglicherweise Entfremdungen bewirken, wobei der Jüngere von beiden unweigerlich gegen den Ältern revoltiert.

Uranus Konjunktion, Sextil oder Trigon Neptun

Wo eine dieser Konstellationen im Horoskopvergleich zu finden ist, haben beide Partner wahrscheinlich gemeinsame Interessen auf dem Gebiet des Okkultismus und der Mystik und möglicherweise eine starke seelische Verbindung. Auch eine Ähnlichkeit der sozialen und politischen Ansichten ist angezeigt. Diese Aspekte sind zwar günstig, jedoch für sich genommen nicht von besonderer Wichtigkeit. Sie unterstreichen jedenfalls andere harmonische Aspekte zwischen den Horoskopen.
Die Konjunktion kann sich in einigen Fällen ungünstig auswirken, da sie bei Menschen, die dazu neigen, sich der Verantwortung zu entziehen, einen gewissen Leichtsinn begünstigen.

Uranus Opposition oder Quadrat Neptun

Es können Unterschiede in sozialen oder politischen Ansichten bestehen, was aber von anderen Aspekten abhängt. Manchmal stimmen auch die Zielsetzungen und Ideale der Partner nicht überein. Diese beiden Aspekte werden andere Spannungen, die im Vergleich auftreten, noch verstärken, sind aber im übrigen, für sich genommen, nicht sehr bedeutsam.

Uranus Sextil oder Trigon Pluto

Gegenseitige Ermutigung zu Vielseitigkeit des Ausdrucks oder zur geistig-seelischen Entfaltung bei einem oder beiden Partnern beinhaltet dieser Aspekt.

Uranus Opposition oder Quadrat Pluto

Dieser Aspekt gibt einen Hinweis auf Unklarheit oder Widersprüchlichkeit in den jeweiligen geistigen Zielsetzungen. Schwierigkeiten werden vor allem auf der spirituellen Ebene zu finden sein. Die Bedeutung von Opposition oder Quadrat hängt auch von anderen Aspekten im Horoskop ab.

Uranus Konjunktion Pluto

Diese Konstellation kann je nach dem Gesamtvergleich günstig oder ungünstig wirken. Die Betreffenden werden einander entweder Widerstand leisten oder ihre Interessen und Bemühungen sinnvoll vereinbaren.

NEPTUN

Neptun-Aspekte zu Sonne, Mond, Merkur, Venus, Mars, Jupiter, Saturn und Uranus siehe Seiten
81 f., 95 f., 104 f., 112 ff., 123 f., 128 f., 133 f., 137

Neptun Konjunktion oder Sextil Neptun

Diese Aspekte weisen auf Übereinstimmung hin. Gemeinsame Interessen im Bereich von Musik, Drama, Dichtung, Mystik oder okkulten Phänomenen, Religion oder Politik verstärken die Zuneigung zwischen den Betreffenden. Leider werden aber auch die jeweiligen Tendenzen zur Auflösung oder zum Sich-Entziehen verstärkt.

Es dauert siebenunddreißig Jahre, bis Neptun mit Neptun ein Quadrat bildet, dreiundfünfzig Jahre, bis ein Trigon entsteht und neunundsiebzig Jahre bis zur Opposition. Die Veränderung der Zeiten bringt unterschiedliche Bedingungen und Ansichten hervor. Diese Aspekte haben eine geringe Bedeutung, da sie nur auf die natürlichen Unterschiede hinweisen, die sich durch verschiedene Altersstufen und Erfahrungen ergeben.

Neptun und Pluto

Diese Konstellationen entsprechen Uranus-Pluto.

PLUTO

Pluto-Aspekte zu den anderen Planeten siehe Seiten 82 ff., 96 f., 106, 114 f., 124 f., 129 f., 134 f., 137 f.

Pluto Konjunktion Pluto

Pluto im gleichen Zeichen weist lediglich darauf hin, daß beide Partner in einer Zeitspanne mit ähnlichen äußeren Erfahrungen leben und daß ihre Ideen und Standpunkte in ähnlicher Weise beeinflußt sind, es sei denn, sie haben einen ungewöhnlichen Grad spiritueller Freiheit, Selbständigkeit und Eigenständigkeit im Denken erreicht. Dieser Aspekt ist nicht von großer Bedeutung, wenn es um die persönliche Reaktion der Partner aufeinander geht.

Pluto ist der Vagabund des Tierkreises. Sein Weg um die Sonne ist unregelmäßig. An einem Punkt bewegt er sich auch innerhalb der Umlaufbahn von Neptun. Sein Weg durch ein Zeichen ist sprunghaft. Er war dreißig Jahre lang im Zeichen Zwillinge, fünfundzwanzig Jahre lang im Krebs und neunzehn Jahre in Löwe. Aus diesem Grund ist es unmöglich anzugeben, in welchem Alter etwa Sextil oder Quadrat gebildet werden. Zur Entstehung eines Trigons würde es hundert Jahre oder mehr brauchen. In einem Horoskopvergleich wird diese Zeitspanne wohl kaum je vorkommen. Die Aspekte haben keine Bedeutung, wenn es darum geht, etwas über die persönlichen Reaktionen der Partner aufeinander auszusagen.

Anhang

Die in der Astrologie verwendeten Symbole

Die Symbole der Tierkreiszeichen

Widder	♈	Waage	♎
Stier	♉	Skorpion	♏
Zwillinge	♊	Schütze	♐
Krebs	♋	Steinbock	♑
Löwe	♌	Wassermann	♒
Jungfrau	♍	Fische	♓

Die Symbole für die Planeten

Sonne	☉	Jupiter	♃
Mond	☾	Saturn	♄
Venus	♀	Uranus	♅
Merkur	☿	Neptun	♆
Mars	♂	Pluto	♇

Nördlicher Mondknoten   ☊
Südlicher Mondknoten   ☋

Pollack, Rachel
**Tarot –
78 Stufen der Weisheit**
Tarot kann Lebenshilfe, Entscheidungshilfe, Wegweiser durch schwierige Situationen und Schlüssel zur Selbstfindung sein – wenn wir verstehen, die Geheimnisse seiner Bilder und Symbole zu dechiffrieren.
400 S. mit 100 Abb. [4132]

Das Tarot-Übungsbuch
Während das überaus erfolgreiche erste Buch der Autorin, »Tarot«, eine Einführung darstellt, setzt dieses Buch gewisse Grundkenntnisse voraus. Die hier geschilderten markanten Beispiele werden dem Leser zahlreiche Anregungen für die eigene Tarot-Praxis vermitteln.
240 S. mit s/w-Abb. [4168]

Tietze, Henry G.
Entschlüsselte Organsprache
Krankheit als SOS der Seele. Verdrängte und unterdrückte Gefühle schlagen sich in ganz bestimmten Körperregionen nieder, wo sie schließlich psychosomatische Krankheiten verursachen.
Der Psychotherapeut Henry G. Tietze gibt einen Überblick über das Wesen dieser Krankheiten, ihre Ursachen und ihre Behandlungsmöglichkeiten.
272 S. [4175]

Sasportas, Howard
Astrologische Häuser und Aszendenten
Neben dem Tierkreiszeichen-System ist das Häuser-/Aszendenten-System die zweite, überaus bedeutsame Quelle astrologischer Interpretationsmöglichkeit. Seltsamerweise gibt es hierzu kein einziges, für die Deutungspraxis brauchbares Buch.
624 S. mit s/w-Abb. [4165]

Sakoian, Frances / Acker, Louis S.
Das große Lehrbuch der Astrologie
Wie man Horoskope stellt und nach neuesten wissenschaftlichen Erkenntnissen Charakter und Schicksal deutet. 551 S. mit zahlr. Zeichnungen. [7607]

Schwarz, Hildegard
Aus Träumen lernen
Mit Träumen leben. Dieses Traumseminar geleitet uns über einen Zeitraum von acht Abenden in die Welt der Träume. Ein Symbolregister ermöglicht es, diese tiefgehende Einführung auch als Nachschlagewerk zu benützen.
272 S. [4170]

Garfield, Patricia
Kreativ träumen
Die Autorin erläutert ausführlich und leicht verständlich jene Techniken, mit Hilfe derer jedermann innerhalb kurzer Zeit entscheidenden Einfluß auf seine Träume nehmen kann. 288 S. [4151]

ESOTERIK